梦山书系

家常课
金点子

管建刚　等著

海峡出版发行集团 | 福建教育出版社

图书在版编目（CIP）数据

家常课金点子/管建刚等著. 一福州：福建教育出版社，2024.1
ISBN 978-7-5334-9801-6

Ⅰ.①家… Ⅱ.①管… Ⅲ.①小学语文课－教学研究 Ⅳ.①G623.202

中国国家版本馆 CIP 数据核字（2023）第 235189 号

Jiachang Ke Jin Dianzi

家常课金点子

管建刚　等著

出版发行　福建教育出版社
　　　　　（福州市梦山路 27 号　邮编：350025　网址：www.fep.com.cn
　　　　　编辑部电话：0591-83726971　83726908
　　　　　发行部电话：0591-83721876　87115073　010-62024258）
出 版 人　江金辉
印　　刷　福建省地质印刷厂
　　　　　（福州市金山工业区　邮编：350011）
开　　本　710 毫米×1000 毫米　1/16
印　　张　16
字　　数　221 千字
插　　页　2
版　　次　2024 年 1 月第 1 版　2024 年 1 月第 1 次印刷
书　　号　ISBN 978-7-5334-9801-6
定　　价　43.00 元

如发现本书印装质量问题，请向本社出版科（电话：0591-83726019）调换。

本书参与教师

韦 添
江苏省汾湖
高新技术产业
开发区实验小学

张颜笑
江苏省苏州市
吴江经济技术开发区
长安实验小学

顾孙煜
江苏省苏州市
吴江经济技术开发区
长安实验小学

任秋芬
江苏省苏州市
吴江经济技术开发区
花港迎春小学

沈 宁
江苏省苏州市
吴江经济技术开发区
长安实验小学

郭苗苗
江苏省苏州市
吴江区
莘塔小学

郎丽翠
河北省保定市
竞秀区
冀英第三小学

张 怡
江苏省苏州市
吴江区
同里实验小学

钱海燕
江苏省苏州市
吴江经济技术开发区
花港迎春小学

胡梦姣
江苏省苏州市
吴江经济技术开发区
长安实验小学

周利利
江苏省苏州市
吴江经济技术开发区
长安实验小学

杨 婷
广东省中山市
三乡镇
新圩小学

唐 莹
广东省云浮市
罗定市
罗城中心小学

陈 晓
江苏省苏州市
吴江经济技术开发区
江陵教育集团

郑咏梅
江西省
上饶市
逸夫小学

王 芳
江苏省苏州市
吴江经济技术开发区
长安实验小学

周 静
江苏省苏州市
吴江经济技术开发区
江陵教育集团

邹思怡
江苏省苏州市
吴江经济技术开发区
花港迎春小学

金晓兰
江苏省苏州市
吴江经济技术开发区
长安实验小学

唐蓓蓓
江苏省苏州市
吴江经济技术开发区
长安实验小学

周静红
安徽省
合肥市
和平小学

张晓玲
福建省
石狮市
鹏山实验学校

樊小园
江苏省苏州市
吴江经济技术开发区
长安实验小学

杨华飞
重庆市
万州区
电报路小学中恒校区

钟少秀
四川省
成都市
天府第四中学校

唐莉婷
江苏省苏州市
吴江区
震泽实验小学

李 冶
江苏省苏州市
吴江区
坛丘小学

许慧敏
四川省
成都市
天府第四中学校

周 颖
江苏省苏州市
吴江经济技术开发区
花港迎春小学

尹裕娇
云南省
保山市
智源小学

杨 虹
云南省
昆明师范高等专科学校
附属小学

杨清蓉
四川省
成都市
晋阳小学

腾男男
内蒙古自治区
赤峰市红山区
第十二小学

王 琴
江苏省苏州市
吴江区
南麻小学

徐志凯
江苏省苏州市
吴江区
震泽实验小学

廖 芮
广东省中山市
三乡镇
新圩小学

李 丹
四川省眉山市
东坡区
富牛镇小学

张 颖
河北省保定市
竞秀区
冀英第三小学

章秋兰
江苏省苏州市
吴江经济技术开发区
长安实验小学

习雅丽
江西省
新余市
暨阳学校

邱达官
四川省达州市
开江县
灵岩镇中心小学

朱 红
四川省成都市
温江区
东大街第一小学校

刘欢欢
四川省
宜宾学院
小学教育专业 2018 级

许玲燕
江苏省苏州市
吴江经济技术开发区
长安实验小学

王 佳
江苏省
苏州市
常熟市凯文小学

序

习课堂刷新了我的教学

梁迎春

习课堂让我看到了具体的学生
——课堂上没有了"听众"与"看客"

以前，我站在讲台上滔滔不绝地讲，提出一个又一个的问题，一两个学生举手了，我请一位说、再请一位说，回答正确后转入下个环节。小王一脸茫然，双手扶着桌子，椅子前脚翘起，晃动两下。我提醒他后继续讲，继续问，学生们继续应和。小王的眼神告诉我，又走神了。现在，"双手执书""大声朗读"，小王和大家一起读着，我过去盖激励章，他更专心了。"8分钟完成任务二，计时开始！"小王和大家一起拿起笔作业。有几道题不会，我走过去："根据你的理解回答，错了也没关系。下次读任务一，多留心注音的字。"他点点头，又开始忙了起来。

习课堂前我关注"我"——我的设计、我的语言、我授课的内容、我提出的问题，课堂大部分是我的声音，课堂时间大部分是我的。我提出的问题，只要有一个学生能回答出来，教学环节便算完成了。"如果把整首诗分成两大段，你会怎么分？"有学生举手回答："1—3小节为一部分，后面内容为一部分。"他答了我想要的答案，我便用他的回答结束了所有学生的思考。一堂课，常常是我和20%学生的问答，80%的学生是听众与看客。习课堂把70%的时间留给每一个学生。每一个学生都在思考，都在以"写"的方式展示自己的学习结果。我不再关注我，我关注每一个学生——他有没有用心读书？读书的眼神、面部表情会告诉我答案；他有没有理解学习的内容？任务二和任务四也会立马检测出来。我看见了一个个活生生的学习个体。两届习课堂的学生，曾经学习特别吃力的学生都感慨：在这样的课堂上，我有事可干了，不像之前那样无聊了。两届习课堂的学生，都让我看到了学困生跳跃式的进步。

习课堂让我看到了具象的学习状态
——课堂上没有了"想当然"

以前，教案上要讲的讲完了，设计的问题问完了，学生听完了，这节课也就结束了。学生不清楚自己会了什么，不会什么。我也不清楚哪些学生掌握了，哪些学生没掌握；老师的问题哪些学生思考了，哪些学生没有。语文课的教学内容好像清清楚楚，学生学习状况却总是模模糊糊。现在，学完任务一，学生在规定的时间内动笔完成对应的任务二；学完任务三，学生在规定的时间内动笔完成对应的任务四。任务单当堂练习，学生的学习状况有了清晰的反馈：会了什么，不会什么；谁会了，谁不会。

三年前，我写下这样的反思："课堂效率低，有很多因素……我觉得可以借助两个工具：（1）分栏教案。教师活动和学生活动分开，学生具体做什么，要写清楚。（2）课堂学习轨迹本，分为听、读、说、写、思五部分，学生在每个节点上做了什么，自己随手记录。课后做总结。"我先用了第二个工具，它能让学生在课堂上动笔，但充满不确定性，也无法检测学生掌握情况。我又用"作业情况记录本"，哪位学生没有完成作业，哪部分作业完成得不好，都有记录。这能在一定程度上了解学生的学习状态，但它属"马后炮"，还导致作业内容与课堂学习内容重复，已经掌握了的反复做，没掌握的又可能没涉及。习课堂解决了这一教学困境。它把课堂教学内容分解成四个任务，任务一、任务三是"学"，任务二、任务四是"习"，"学"与"习"高度匹配。学生学什么、学得怎样、怎么学的，这些抽象的问题在习课堂中得到具象的解答。

习课堂让我看到了"真实的学习"
——课堂上没有了"知识搬运工"

以前，学生根据我圈定的教学范围，谈他们的理解和感悟，然后把准备好的解析讲一遍，重难点的解析会写到黑板上或打到课件上，学生做笔记。作业则回家完成，第二天收上来批阅后，再逐题讲解。学生根据我的讲解改正，大多时候是把我的正确答案抄一遍。现在，习课堂的任务一和任务三，学生在老师指导下自主、充分地读书，这个过程让阅读真实发生。学生一直在"读"书。老师的主要工作是指导学生读什么、怎么读，观察学生的读书状态，提示学生的读书姿势，提醒学生读书要"在线"。我是课堂的观察者和提醒人，也是"不愤不启"的点拨者。在任务一和任务三多次有内在逻辑和层次的读书后，最终会形成读书能力。

对比来看，以前的教学是"空间陪伴"，我扮演"知识搬运工"。我口口声声说培养学生能力，但学生的阅读能力、表达能力、思维能力究竟是什么，我说不清也理不明。习课堂任务单的深入使用，使我逐渐明晰了。初用习课堂，我观察学生的读书状态：有的一手扶着书，一手伸到桌兜里摸东西；有的双手执书，眼神四顾空空地读。以前学生读书原来是这个样子的。习课堂的读书内容从整体到部分，有三个阶段：第一课时任务一"鲸吞式阅读"，扫除字词障碍，浏览全文，了解大概内容；第一课时任务三"牛排式阅读"，就像吃牛排一样，切开了吃；第二课时的任务一和任务三"打井式阅读"，聚焦关键词句，反复读，静下心来读，最终把它读懂、读透，读出自己的理解。任务一读了，任务二马上应用；任务三读了，任务四马上应用。明白了"读"的任务和"写"的任务之间的对应关系后，学生读书的眼神完全变了。

习课堂让我看到了"方法与过程"
——课堂上没有了"知识容器"

以前，课上学生主要任务是念书、抄写和记忆。是念书而非读书。重要知识点要抄写，重要解析要抄写，出错点要抄写。背课文、背古诗、背课文重点部分解析……我会用小游戏、小竞赛进行抄写和记忆，学生也能考个不错的分数。现在，习课堂依然会抓牢、抓实读、背和写，但它们不是全部。看学生读书，我会区分，学生是在浪漫诵读，还是在心到、口到、眼到地思考性读书；看学生做题，我会看他能不能做出来，也看他是怎样做出来的，是偶然做对，还是正确思维路径下的必然结果……任务单讲评课上，我不讲答案，我讲方法、讲联系、讲关键信息，尽量不捅破最后一层窗户纸。

数学卷做完，差不多可以预估分数，但是语文不行。为什么？学生告诉我：做阅读题完全凭感觉，不知道写上去的对不对。这种现象如何破解？要帮助学生形成"用方法做题"的思维方式，要让学生对自己的答案"知其然，知其所以然"。以前没有方法一样可以"正常"运转，习课堂就不行了，因为任务单讲评，不允许讲正确答案，不允许学生抄录正确答案，这对老师的"方法力"提出了要求，倒逼着老师去思考和寻找方法。教学不再单单指向知识，更指向了知识获得背后的学习方法和思维方式。以概括训练为例。学生完成任务单，概括类题目，很多学生的答案里没有"结果"。学生顺着起因、经过和结果来概括，因为"经过"总有很多内容，导致没"结果"了。于是，我调整指导方法，概括文章主要内容时，各用一句话找出"起因"和"结果"，然后再补充"经过"。正是任务单讲评的"逼迫"下，我才有了上面的思考，才开始总结自己的方法。

习课堂让我看到了"时间管理"
——课堂上没有了"西瓜皮"

以前，课前3分钟来到教室，电脑开机1分钟，微信上浏览作业图片3分钟，反馈作业5分钟。终于开始讲课，临时又让学生背上学期的文言文，又用课件中的"求学名句"导入，接着讲课文，学生观察插图，由插图中的竹简，讲到蔡伦造纸术，30分钟过去了，《囊萤夜读》的教学重点影儿也没有。赶紧头重脚轻地点课件，直接上知识点抄记。这种状况时有发生。现在，这种情况再也不会发生了。

习课堂的每个任务都有时间设定，备课时我还会把任务一、任务三中各环节的"读"的用时细化，配好计时器。如任务一分为读课文、读词语、读课文三个环节，预设12分钟，我细分：第一遍读课文5分钟，读词语2分钟，第二遍读课文4分钟，还有1分钟组织和管理。课上控制自己的说话欲，不讲没准备的话。教学任务如期完成，教学目标达成度接近100%。习课堂有效防止了"脚踩西瓜皮，滑到哪儿是哪儿"。公开课最苦恼的就是时间把控，原因就是常态课不注意时间管理。制订了课时教学目标和任务，却没有一定要完成的意识。习课堂任务单的任务与时间设定，不是要老师无视课堂生成，而是要老师有单位时间内完成任务的效率意识。习课堂后，我不再"乱"讲话了。我不知道我讲的有多少学生听进去，但我知道我随意讲的每一句话侵占的是全班每一个学生的读写时间，我的兴之所至，加重了学生课后的负担——课上没完成的，只能课后完成。

习课堂让我看到了"有效的温度"
——课堂上没有了"两极"

以前，我经常和学生开开玩笑，做做小游戏。我的语文课很"热"。但每每抽检，看拼音写词语、根据课文内容填空、积累运用都错很多，审题也不细致，两极分化严重，学困生一大堆。初用习课堂，任务完成情况总不理想，于是课上不说笑了。学生说我变了，说习课堂就是读，做练习，再读，再做练习……现在，我走向习课堂的"铁手套里温暖的手"。课上多盖激励章，课上多"具体的人＋具体的细节"的表扬。我发动学生创编课堂口令，于是有了口令的1.0版、2.0版和3.0版，于是有了"站如松，坐如钟，不当一根葱""耍帅，耍帅，数你最帅"的趣味口令。我的课堂终于"严肃紧张"与"活泼生动"并存了。

常有人说习课堂僵化而枯燥，但诚如管建刚老师所言："枯不枯燥跟干什么没多大关系；枯不枯燥跟干活的人有关。"初用习课堂，我仔细听管老师的讲座，看习课堂的教学视频，翻阅"家常课"公众号，按照"我理解的"习课堂教学流程上课——完成任务一、完成任务二、完成任务三、完成任务四，中间穿插口号，批阅任务单，讲评任务单。学困生基本消灭了，最弱的也能保证及格。但我课堂上不"笑"了，我满眼都是任务，都是"问题"。那时我的习课堂就像公开课上走教案一样，冷冰冰的，没有温度。后来看了管建刚老师执教的《麻雀》，看管老师把有人感觉"僵化"的习课堂上得满满生气，妙趣横生。小朋友被夸得信心爆棚，眼里闪光。单一的课堂口令也被管老师演绎得异彩纷呈，那多变的语调，那忽快忽慢的节奏，还有那些出其不意的临时口令，管老师的习课堂跟我的不一样。我开始调整，于是有了适宜学生成长的恒温课堂，严肃而不失活泼，严谨而葆有亲和。习课堂助我科学、理性地回归"好玩""热闹"。

（作者单位：山东省青岛西海岸新区江山路第一小学）

目 录

第一部分　习课堂口令

第 1 节　口令训练 —— 1

第 2 节　口令百变 —— 7

第 3 节　班本口令 —— 14

第 4 节　口令小老师 —— 19

第二部分　习课堂表扬

第 1 节　表扬原来这样 —— 25

第 2 节　错误里找金子 —— 29

第 3 节　大拇指的魅力 —— 33

第 4 节　有效表扬法则 —— 37

第三部分　习课堂 Q 币

第 1 节　怎样挣 Q 币 —— 45

第 2 节　Q 币常规兑换 —— 50

第 3 节　Q 币创意兑换 —— 55

第 4 节　Q 币兑奖原则 —— 61

第 5 节　Q 币操作案例 —— 65

第四部分　习课堂规矩

第1节　教师的规矩 —— 72
第2节　一年级立规矩 —— 79
第3节　中高年级补规矩 —— 85
第4节　课堂规矩与自律 —— 91

第五部分　习课堂课堂管理

第1节　课堂管理的误区 —— 96
第2节　课堂管理手势 —— 102
第3节　脚步就是管理 —— 110
第4节　实现课堂默契 —— 113
第5节　温暖的铁手套 —— 117

第六部分　习课堂时间管理

第1节　管理时间即管理行为 —— 121
第2节　时间管理有招 —— 123
第3节　时间管理案例 —— 130
第4节　习课堂的时间特质 —— 135

第七部分　习课堂读写

第1节　读书"八不" —— 140
第2节　自由读怎么读？ —— 144
第3节　这样读学生懂 —— 152
第4节　这样写超干净 —— 160

第八部分　任务单讲评
　　第1节　任务单批改 —— 164
　　第2节　任务单讲评 —— 168
　　第3节　任务单订正 —— 175
　　第4节　任务单是复习单 —— 180

第九部分　习课堂教研
　　第1节　习课堂自拍课 —— 185
　　第2节　习课堂公开课 —— 193
　　第3节　习课堂观课 —— 199
　　第4节　习课堂视频教研 —— 204

第十部分　习课堂新手
　　第1节　老兵经验 —— 210
　　第2节　新手备课 —— 215
　　第3节　新手攻略 —— 220
　　第4节　警惕弯路 —— 225
　　第5节　最后的叮咛 —— 234

后记　高手在民间 —— 237

第一部分

习课堂口令

第 1 节　口令训练

管建刚

　　课堂口令非习课堂所创，大多低段老师都在自发地用。习课堂只是做了系统化。 1—6 年级的口令系统开发，"练口令→用口令→班本口令→口令小老师"的系统实践。韦添老师的口令有三个"1 分钟"——

韦　添

1. 用好课前 1 分钟。

　　第一节课，我定下了文具摆放规则：课前 1 分钟，左上角放语文书和任务单，右上角只要 1 支笔，其他都不要。文具多了，就不是文具了，而是玩具。别小看这 1 分钟，这几天为了训练这个，进进出出课堂多次，也"赶走"留恋在教室里的数学老师、英语老师多次。我喊"上课文具"，生回"放放好！"这是课前 1 分钟的管理口令，是我提前来到教室喊出的第一个口令，无论打闹的学生，还是写作业的学生，都会第一时间喊出"放放好"，第一时间回到座位收拾物品，第一时间按要求摆放物品，狠抓一周，每个学生见我来到教室，马上本能地摆放文具。

2. 用好上课1分钟。

上课第一件事是"师生问好"，而我的第一件事是"关书包"——学生的书包太大又太重，全放在过道上，全敞开了口子，整个过道像早高峰。每次我都得"加塞"，扭着身子，踩着空处来到学生边。上课1分钟——"小书包，关关好"，一个简单的口令出来了。后面我把这个神圣的口令交给班长小杨。当然，一段时间后这个口令会用不着，学生会在课前收拾好。那"上课1分钟"干吗？一定有事情做的，也许是读古诗，也许是背课文，也许是小运动。

3. 用好下课前1分钟。

一开学，我就领教了这个班。下课铃声一响，学生竟然无视我，不见了一半。我问语文课代表。课代表平淡地说，本来就是这样的嘛。那个跑得最快的小陆一下课就去厕所搞恶作剧，数学书和作业本全扔厕所去了……直到现在，我一节课也没有拖过，因为我精准把握好下课前1分钟。我与课代表提前训练，一个新的课堂管理口令来了——"收拾课桌，我能行！"下课前1分钟，我跟语文课代表示意"下课了"，语文课代表心领神会，喊"收拾课桌"，同学们立马回应"我能行！"，原来的杂乱烟消云散，班主任张老师见了，惊喜地说她也要用。

"有了固定的形式、固定的时间，杂乱的背后有了一根'定海神针'。老师就是制造'定海神针'的人。"这是《家常课对谈》一书里的话。这三个"1分钟"的课堂口令，已经成了我的课堂秩序的"定海神针"。

管建刚　口令可以固定时间、固定环节，固定即流程，流程即管理。张颜笑老师的口令训练也有特色——

张颜笑　口令是习课堂的管理工具之一，有的老师喊口令走过场，没有发挥口令的作用，真是遗憾。下面谈谈我的 7 点实践经验。

1. 家长口令闯关。

学生讨厌机械地背课文，也讨厌机械的口令。我把口令练习作为"口头作业"，请家长扮演老师，如家长说"三二一"，学生答"坐神气"。顺利闯关后，学生和家长互换身份对口令。家长兴奋地告诉我，她已经把口令用到督促孩子作业上了，如"小身板，挺起来""小嘴巴，不说话"。

2. 伙伴口令互对。

如男生说老师的口令，女生答学生的口令，再互换。于是有了乐记、乐用的氛围，我还鼓励大家跟好朋友角色扮演，互对口令。父子版角色扮演、母女版角色扮演、师生版角色扮演都可以。轻松解决了记口令，课间生活也丰富了。

3. 口令虚实相映。

语速的快慢、语调的升降、音量的高低，都能让口令充满爆点。如，"任务单，快打开""说提笔，就提笔""答题，要专心"，这一系列快节奏的口令后，下一句口令"时间不动"，前两个字语速放慢、语调升高、音量扩大，后两个字语速放慢、语调降低、音量减小。学生学着我的样子，完美对接"我也不动",眼里满是好玩的光。

4. 口令动静结合。

如口令"书本合拢,左上角",我左手掌心平铺朝上,右手响亮地拍打左手,再双手移向左上角,手里好似真有一本书在合拢。听到我有力的击掌声,学生合上书本的精气神更足了。如"时间到,轻轻放",我会手掌朝下轻轻拍三下,学生看过后马上明白了什么叫"轻轻放"。肢体语言完胜老师的唠唠叨叨。

5. 叠加口令。

我喊"小身板",生答"挺起来"后,我喊出急促的叠加版口令"小身板小身板",学生立马也用急促的节奏回我"挺起来挺起来"。叠加版口令也可以叠加口令中的某一个字或词。如"任务单"进化为"任务任务单",学生立马回我"快打快打开";如"语文书"进化为"语文书书",学生立马回我"快打开开"。

6. 游戏口令。

低年级的习课堂有1分钟小游戏。游戏开心是好事,但老师喊口令"说坐正",学生还留在热闹的游戏中,怎么办?如,我带学生玩"动物配音秀",游戏结束后,学生没有回过神,还在模仿小猪的声音。于是我模仿小猪的声音喊口令"说坐正——""说看黑板——",直到学生反应过来了,切换到正常的声音加快喊"说看黑板——",既消除了游戏戛然而止的突兀,也增添了趣味性。

7. 口令修订。

标配版的课堂口令属于"团餐"。团餐管吃饱,不管吃好。要想色香味俱全,那要修订口令。最早的坐姿口令"一二三,坐坐好",我的耳朵都快长茧子了。我请学生来修改，于是有了"一二三，坐端正""一二三，快坐正""三二一，坐神气"。又如"头正，身直，足安"，节奏不强，常喊乱。我们扩充成"写好字，脚放平；头不歪，身要正"，学生喊得整齐、带劲。

管建刚 顾孙煜老师带的班，口令的精气神给听课老师留下深刻印象，他是怎么做到的呢？

顾孙煜

第一条口令："小眼睛，看屏幕"。

刚做习课堂，我琢磨着"自由读"后，如何让所有学生能把注意力集中到PPT课件上？以前废话连篇的课堂是这样的："好的，现在所有人看着屏幕，我们开始齐读句子，小W看屏幕！小Z看着屏幕！嗯，很好，都看着了，开始！"如今回想起来，真如同看一笑话。

口令用起来简单，设计起来不容易。要用最少的字表达最需要的意思，这问题困扰了我许久。那一刻才彻底懂得古诗的精妙，短短几十字，却能表达几百字都不能讲清楚的意思。我开始观察，学生们读句子时会做什么动作。一天、三天、五天……还真被我发现了规律，大部分学生在自由读完后，目光会下意识地跟着书本，看向桌面。每次齐读PPT，学生都有一个抬头的动作。自此，一条很不押韵的口令诞生了——抬头，看屏幕。老师喊"抬头"，学生回"看屏幕"。还别说，这口令接地气，在"小眼睛，看屏幕"出现前，它在我们班占着重要位置。

第二条口令："小身板，挺起来"。

此口令一般用于任务二、任务四调整学生坐姿。老师喊"小身板"，学生回"挺起来"。但新鲜劲一过,那学生就吊儿郎当了。一天,当我喊响"小身板",竟没有几个回"挺起来"。于是口令出现了连喊两遍、连喊三遍的模式。老师喊"小身板",学生回"挺起来",老师再喊"小身板",学生再回"挺起来"……学生身板挺起来了,效果又回来了。又过了一个月,同样的问题再现,这次我早有准备,部分甚至带着幼稚性质的口令接二连三地出现在了六年级语文课堂上:"小小身板""挺挺起来","小身身板""挺起来","小身板板""挺起来来"……我喊得意犹未尽,学生们回得津津有味。

我还学了翁雅婷老师的喊法。"小身板小身板",我语速极快地连续喊两遍,学生先是一愣,随即反应过来"挺起来挺起来"。往后的课堂"小身板小身板小身板""小小身板小身身板""小身板板小身板板"等喊法不定时不定量出现,大家玩得不亦乐乎。

第三条口令:"时间到,书轻放""时间到,全放好"。

1.0版习课堂管理口令,我阴差阳错地记错了。第一天训练,我喊着"时间到",学生答"书轻放";第二天训练,我喊着"时间到"要求学生答"全放好"。迫于我——班主任的威严,学生竟乖乖地、毫无违和感地在这两个相近的口令中来回切换!直到有一天,我连续来了两遍"时间到"。那一刻,时间仿佛静止了,随后有的喊"书轻放",有的喊"全放好"。

两个口令在学生的脑海中都有了不可磨灭的印象。强制改势必会喊错。只要有一人错,口令的整体效果就大打折扣。于是将错就错:任务一、任务三中的"读"后,老师喊起"时间到",学生就答"书轻放";任务二、任务四的"写"后,老师会喊两遍"时间到",学生就答"全放好","习"的环节结束,要把笔和任务单等全部放好喽。

第四条口令:"看书不作业,作业不看书"。

作业可以翻书,那任务一、任务三的"读"还有几个认真?口令"看书不作业，作业不看书"诞生了。学生完成任务二、任务四，有学生翻书，马上喊"看书不作业"，学生答"作业不看书"。偷偷翻书的学生也清楚老师在提醒自己，从而省去了一大唾沫星子。

一个学期后，学生养成了"作业不看书"的习惯，这口令基本不用了。直到五下课文《金字塔》，任务单中需要学生填金字塔的相关数据，难倒了不少人，包括备课时的我，也不知害臊地偷看了几眼语文书。课上，学生正抓耳挠腮，拼命回忆，我悠悠来了句"作业不看书"，学生们先是一愣，随后齐刷刷喊道"看书不作业"。我说了六个字："十秒钟，翻书！背！"学生们像被饿了几天的人，玩命似的扑向语文书。那一刻，我真正见到了什么叫"我爱读书"。十秒倒计时结束，我喊"看书不作业"，学生们依依不舍地合上书本，回"作业不看书"。之后我多次这样用口令，效果很好。

第 2 节　口令百变

管建刚　一条口令，顾孙煜老师训练了十天，怎么回事？

顾孙煜　送走了六（8）班，迎来了四（7）班。开学初我狠抓口令。一周下来，总觉得缺了点什么。口令的作用是课堂管理。平日里老师的"安静！""看黑板！""别动笔！"也是管理，那口令的优势在哪儿？我重温上学期的视频课，学生喊着"大声朗读"，双手整齐地做着相应动作，隔着屏幕都能感受到其中的魅力。对，缺的是口令背后的属性：好玩、有趣、互动！

我播放了上届学生喊"双手拿书，大声朗读"的口令视频。全班鸦雀无声，视频震撼到了他们。我请学生模仿视频中的动作，边做边喊"大声朗读"。咚！咚！咚咚！书砸桌面声，笔掉地面声，手敲课桌声……场面一度失控！乱！实在太乱了！那一定是方法出了问题。习课堂强调示范，我怎么忘了？我拿起语文书示范了几遍。这次准没问题："双手拿书"，"大声朗读"学生应和着，不和谐的声音不时传入耳中。要想达到上一届的效果，看来不可能了。

几天后，想起管建刚老师讲体育老师教广播操："老师肯定先教1234，学生练熟了再教2234。"我恍然大悟，哪有什么事情能一气呵成的，小步走啊。

每天，我固定花十分钟训练口令加动作。

第1步：训练口令中的"大声"二字。我一字一顿喊："大——声——"学生竖起书本，并用书本下边缘轻触桌面。第一遍乱，第二遍乱……第N遍，终于整齐了。

第2步：训练口令中的"朗读"二字。同样的流程，同样的混乱，也记不清多少次后，全班动作再次统一。

急功近利的我想都没多想，喊："双手拿书！"学生没有丝毫迟疑："大声朗读！"动作又乱了。这次的问题出在哪儿？还是我，太急于求成了！学会了广播操"12"，学会了"34"，接下来当然是"1234"。我一字一顿地喊起口令："双——手——拿——书——"果然，训练已经算有素的学生，答"大——声——朗——读——"的同时，基本能整齐地完成动作。至于"2234"什么时候练成，慢慢磨合吧。

就这样，10天后，专属四（7）班的管理口令诞生了。

我一字一顿喊"双——手——拿——书——"，同时伸出右手食指，从左往右按口令节奏，点动四次。

学生答"大——声——朗——读——"，同时按节奏完成如下动作：

"大——"，翻开书本平举，书本上边缘与眉毛齐平。

"声——"，轻轻放下书本，书本下边缘轻触桌面，发出"咚"的触碰声。

"朗——"，顺势放下书本，书本平摊在桌面上，书本与桌面发出"咚"的触碰声。

"读——"，左手在下，右手在上，握拳举起，双手手肘与桌面发出"咚"的轻触声。

管建刚

红烧肉，粉蒸肉，白切肉，走油肉，炒肉丝，鲜肉、咸肉、熏肉、酱肉，变化着吃，天天吃肉也不会厌。一条口令，顾孙煜老师有 15 种喊法，天天喊也不会发腻。下面请顾老师以"双手拿书，大声朗读"为例，说说 15 种喊法——

顾孙煜

第 1 种喊法。

师：拿书双手。

生：朗读大声。

老师的"双手拿书"变为"拿书双手"，学生的后半句也跟着变。

第 2 种喊法。

师：大声朗读。

生：双手拿书。

老师喊后半句，学生喊前半句。口令顺序交换。

第 3 种喊法。

师：拿书要双手。

生：朗读要大声。

换序，并加入"要"字，学生接后半句自然也随之加"要"字。

第 4 种喊法。

师：双手拿起书。

生：大声朗起读。

前半句"拿书"两字中间，加"起"字，学生的后半句也加"起"字。

以上口令的变化，来自口令的变序和加字，这样喊口令好玩，学生注意力也更集中。

第 5 种喊法。

师：双手拿书，小明。

小明：大声朗读。

老师喊完前半句，加一个学生的名字。点到名的学生接后半句，其他同学只需完成指定动作。"学生名"也可变成"职务名"，例：双手拿书，班长。

第 6 种喊法。

师：双手拿书，男生。

男生：大声朗读。

老师喊完前半句，后面加上性别。对应的学生接后半句，其他同学只需完成指定动作。

第 7 种喊法。

师：双手拿书，第一组。

第一组：大声朗读。

老师喊完前半句，后面加上组别。对应组别的学生接后半句，其他同学只需完成指定动作。

第 8 种喊法。

师：双手拿书，左边两组。

左边两组：大声朗读。

教室里有四组，老师站中间过道，说"双手拿书，左边两组"，手挥向左边学生。左边两组的学生接后半句，右边两组只需完成指定动作。

第 9 种喊法。

师：双手拿书，女生＋男生。

女生：大声。

男生：朗读。

这要提前训练。老师喊"女生＋男生"，即表示后半句的口令男女生各喊一半。

以上的变化，来自接口令的人的变化。接口令可以一对一、一对多，灵活机动，口令喊活了，喊火了。

第 10 种喊法。

师：双手拿书，双手拿书。

生：大声朗读，大声朗读。

老师重复两遍"双手拿书"，学生接上两遍"大声朗读"。也可以重复三遍，一般不超过三遍。

第 11 种喊法。

师：双手拿书、拿书。

生：大声朗读、朗读。

老师重复两遍"拿书"，学生重复两遍"朗读"。也可以改为"双手、双手拿书"，学生喊"大声、大声朗读"，老师要突出哪里，哪里就多喊一遍。

第 12 种喊法。

师：双手拿书。（轻声）

生：大声朗读。（轻声）

老师用较低的声音喊前半句，学生用较低的声音接后半句。课堂出奇安静。

第 13 种喊法。

师：双手拿书。（轻声）

生：大声朗读。（大声）

老师用较低的声音喊前半句，学生用响亮的声音接后半句。整个课堂由静到闹。学生怎么知道大声接后半句？老师喊后，手往上抬，学生知道手势越高声音越响。

第 14 种喊法。

师：双手拿书。（渐响）

生：大声朗读。（渐响）

犹如跨上声音的台阶，越走越高。也可以相反，老师声音渐轻，学生声音也渐轻。

第 15 种喊法。

师：双手拿书。（渐响）

生：大声朗读。（渐轻）

老师喊口令，音量渐响；学生喊口令，音量渐轻。好比上坡又下坡，坐着音浪过山车。也可以老师声音渐轻，学生声音渐响。这里的默契也来自老师的音量手势。

管建刚

一条口令 15 种喊法，十天半月不重样。顾孙煜老师不是天生的"百变口令"，他走过 1.0 版、 2.0 版、 3.0 版、 4.0 版。

顾孙煜

第一阶段： 1.0 版。

2020 年 9 月，"双手拿书""大声朗读"的口令目的，就是为了让学生做好自由读的准备，包括拿出语文书，翻到相应课文，放声朗读。"双手拿书"四个字，就能代替"请同学们打开语文书，翻到××页，自由读一读，声音要大"这么一长串话，我用得不亦乐乎。

第二阶段： 2.0 版。

两个月下来，新鲜感所剩无几，口令拖拖拉拉，有气无力。我意识到一成不变行不通。第二天，同样的自由读环节，大部分学生已经做好喊口令准备，我停顿片刻，喊："双手拿起书。"我明显感受到大家一愣，片刻后，一个角落轻声响起了口令："大声朗起读。"我大加赞赏，再喊"双手拿起书"，大家一下子来了兴致，读书热情好似回到了那激情四射的九月。随后，我陆续开发了"拿书双手""朗读大声"，"拿书要双手""朗读要大声"等口令，同样的自由读环节，却无法预料老师会喊哪一款口令。口令成功进入 2.0 版。

第三阶段： 3.0 版。

读完一遍竖一根手指，读完两遍竖两根手指，依此类推……因为新鲜，起初学生都很积极，但好景不长，仅仅一个星期，举起的手有撑头的，有玩头发的。发现问题是解决问题的重要一步。多方听取学生意见后，3.0 版的雏形出现了：学生喊"大声朗"三个字时，打开书本，平举到胸前，喊"读"这个字时，统一用书本底端轻轻击打桌面。多次训练，能整齐地听到所有人拿书本击打桌面的声音。后面，"口令＋手势"又进行了微调，如：举起的手统一规定为右手，举起的那只手的肘部必须靠着桌面……

第四阶段： 4.0版。

假期开学前几天的状态不怎么理想。自由读时，一只手需要做相应手势，剩下一只手要拿稳书本，有时还要翻页。部分学生书本拿不稳，书时不时摊倒在桌面。有问题，那就改。干脆，直接把书摊在桌面上自由读！课堂管理手势不统一、书本拿不稳、玩头发分心、读书驼背、老师敲章不方便等问题，全部迎刃而解。"双手拿书，大声朗读"4.0版闪亮登场！

第3节 班本口令

管建刚

《家常课十讲》提供了"公共版"口令，管吃饱，不管吃好。吃好，要私人定制。任秋芬老师一年级"班本化"口令——

任秋芬

第一条："我是灰太狼""狼来啦"。

又到了任务二的答题时间，学生们还像往常一样，一条口令下去，只有小部分学生回应。学生的小身板没到一分钟又塌下来了，什么姿势都有，歪着写字的，趴着写的，我喊坐姿口令："一二三，坐坐好。"学生接："小身板，挺起来。"却一点儿效果也没有。这样下去可不行。对了，很多学生喜欢看喜羊羊与灰太狼，对灰太狼抓羊的故事耳熟能详。于是我化身灰太狼，去抓那些坐姿不端正的学生。学生们一听老师说"我是灰太狼，我要抓羊啦"，一个个小身板挺得笔直笔直的，生怕被我从背后抓到。后来就有了特色小口令，老师说"我是灰太狼"，学生答"狼来啦"。现在每到任务二、任务四，学生都把小身板挺得直直的，因为谁也不想被灰太狼抓走啊！

第二条："大眼睛，放光明""大嘴巴，会说话"。

读任务三的词语，先老师领读，再学生自由读，最后齐读。意想不到的事情发生了，读到第三个词语，全班没有声音了，怎么回事？这些词语待会儿任务四要做到，这么重要的内容怎么可以集体"罢工"呢？又急又气又好笑的我心生一计，问："谁的眼睛大？"学生们一个个睁大眼睛，告诉我："我的眼睛大！"还有学生做起了大眼睛的手势。我又问："谁的嘴巴会说话？"学生们一听，马上说："我的嘴巴会说话。"于是学生们又带劲地读起来，任务四也做得非常顺利。从此我们班又多了两条小口令："大眼睛，放光明""大嘴巴，会说话"。这个口令一发出，学生就知道朗读重点来了，要认真读，用心记。

第三条："怪兽来了""快闭眼快闭眼"。

一年级的课文有很多短小的儿歌，需要当堂背诵。一到背诵环节，各种背诵姿势都有，有的闭着眼睛背，有的抬起头背，还有的趴着背。这里面少不了只张开嘴巴没有声音的学生。什么样的背诵姿势，我一眼就能看清谁在滥竽充数。怎么检查呢？我变身为大怪兽，学生背诵的时候，飞速地穿梭，专门抓不出声的学生。于是，每次背诵学生们都把眼睛闭得紧紧的，放开声音背，滥竽充数大大减少了。我们又多了一条小口令，老师说"怪兽来了"，学生答"快闭眼快闭眼"。

管建刚

这几条口令太有才了。任秋芬老师的"班本化"口令来自遇到的困难,困难的背后是老师的智慧。学生重视书写速度,轻视书写质量,遇到这样的问题,怎么办?

沈 宁

我想到了创编课堂口令,想出了上半句"提笔即练字",思忖良久,也没找到合适的下半句。于是发动学生,谁对出老师的下半句,大大的奖励——五个激励印章。学生的激情瞬间点燃。

胡同学写"撇捺成文章"。我点评:胡同学手举得最快、最高,他的口令字数和上半句相等,但落脚点却在"文章"上,没有提到书写。杨同学写"书法家是我"。我点评:杨同学的思路准确,鼓励大家写好字,但不够工整。口令要朗朗上口。群众的眼睛是雪亮的。最终,徐同学和潘同学的"落笔成书法"以 28 票的绝对优势录用,学生们爆发出热烈的掌声。之后,只要喊出"提笔即练字",学生们特别熟练地接上"落笔成书法"。自己设计、自己评选的口令,喊起来特别有成就感,也更加理解用意,任务单的书写质量进步明显。

口令喊得次数太多会倦怠。如写字姿势的口令,喊了"小身板,挺起来",一部分学生能挺直身板,一会儿工夫又塌下去;还有一部分学生听见口令,只是有口无心地接"挺起来"。就像一台机器运转久了,某些部件磨损失灵了。怎样对口令"维护更新"呢?小陈认为,喊口令时提高大家的参与度。如何提高参与度呢?小陈说:"老师你可以一边拍手,一边喊'小身板',我们一边拍手,一边回应'挺起来'。"结果,一边喊口令一边放下笔拍手,再拿笔写,很不方便,课堂秩序也乱了。小孙同学说:"拍手不方便,我们可以一边喊口令,一边跺脚啊!"

立刻实验,我喊"小身板",学生们一边写字,一边跺脚喊"挺起来",别说,这一招还真挺有效:首先口令有了气势,其次"跺脚"时腰杆必须是直的，否则不好跺。真是歪打正着啊！我们又发现，老师喊"小"，学生们边跺脚边喊"身板"，老师喊"挺"，学生们边跺脚边喊"起来"，这样更顺畅，原因很简单——喊两个字，跺起脚来更容易卡点，更有节奏，学生也更嗨。

管建刚

低年级的任老师，中年级的沈老师，都在解决实际问题中修订了旧口令，诞生了新口令。高年级的郭老师怎么出台新口令的?

郭苗苗

第一条："金手指，动起来"。

"金手指。""伸出来。"

"词语，三遍。"

一遍，二遍，三遍。一遍，二遍，三遍……看看六年级学生的手指，不可爱，没有生气。看看六年级学生的表情，有点闷，有点不屑。词语简单吗？简单，却也不简单。要不然，为什么总有人读错呢？

既然没有生机，就让手指"动"起来。第一个新口令诞生了：

"金手指。"

"动起来。"

口令一出，握拳举起。嘴巴动，手指也动。词语读三遍，手指动三次。每个人的手指都动起来，课便有了活力。一个"动"字，有节奏，有力量，连带嘴角也上扬了。

第二条："左手，握拳""右手，提笔"。

"语文书。"

"拿出来。"

自由读课文，原来双手拿书，现在书本平放桌上，右手握拳，数着遍数。一遍，二遍，三遍……每到这时，我都觉得自己遇到难事了。该表扬谁呢？读得投入吗？绝大多数都很投入，要找到与众不同的那一个，太难了。读出语段背后的意思和情感了吗？说实话，很难判断。于是有了新口令："左手，握拳。""右手，提笔。"

老师喊"左手"，学生答"握拳"；老师喊"右手"，学生答"提笔"。计时开始，左手依然举着，右手放下，一边读课文一边圈画。老师巡视，看到好的，盖章。

第三条："语文书合上，任务单打开"。

"时间到，全放好。"

"任务单，拿出来。"

任务一完成后，语文书合上，归位。随后拿出任务单，打开、提笔、准备、开写。动作要一气呵成。然而，班上总有一两根"老油条"。今天是他，明天是另一个，习课堂可是掐着时间上课的，可不能这么浪费。有了，两个口令整合成一个口令——

老师："语文书合上——"

学生边合上语文书边回："任务单打开。"

老师："任务单合上——"

学生边合上任务单边回："语文书打开。"

第4节　口令小老师

管建刚

学生开发口令，口令就不是命令，而是游戏令。口令由小老师喊，又会怎样呢？

张颜笑

管老师您常说习课堂有几个阶段，第一个阶段是"学生规矩"，第二个阶段是"学生规矩，教师灵活"，第三个阶段是"学生规矩，小老师灵活"。我现在努力实践第三个阶段，小老师上场喊口令。

小程身躯瘦小，坐第一排。坐姿端正神气，读到任务三，他身板还是直挺挺的，声音响亮有力，我走到最后一排，耳畔仍传来他清晰的读书声。我请他当"口令小老师"。

"口令小老师"在原位上喊口令。用了三周，小程几乎每次都能圆满完成任务。于是我请小程上讲台做"口令小老师"。"不行不行，张老师，我怕。"他双手乱摆，脑袋摇晃、面色尴尬，"张老师，我紧张。站上讲台，大家都盯着我看呢！"小程喊完口令后，大家热情鼓掌认可他、鼓舞他。可小程还是只愿站在原位喊口令。

只得作罢。

本学期的第一天，我忘记提醒小程在任务二、任务四结束时喊口令。任务一，学生的读书拖调，口令稀稀拉拉，整班像溃败的军队。正当我为这样的学习状态生气，任务二的铃声响起。一个熟悉的声音抢在我前面出现："时间到。""轻轻放。"小程居然没有忘记自己的使命，第一遍口令，学生们并未缓过神来，小程提高音量喊第二遍。"时间到！""轻轻放！""说坐正——""就坐正！"等喊到坐姿口令时，全班同学已经精神抖擞，一扫刚才的萎靡。我忍不住走上前去夸小程："小程老师的口令比张老师的还有号召力！不信，你再试一次！"我示意小程一边做动作，一边再喊出坐姿口令。小程再次喊坐姿口令，教室里整齐的声音又提高了一个八度。

第二天，神奇的事情再度发生。到任务二、任务四，小程一喊口令，全班同学就像看到胜利的前方一样，声音有如峰顶一般高亢，简直打了鸡血。我假装匪夷所思："程浩宇啊！怎么回事？你抢了我的戏。我喊口令大家的音量一般，你喊口令大家特别激动，音量提高了，我要拜你为师！"话音刚落，全班爆发出洪流般的笑声，小程的嘴角泛出久违的笑容，偷偷地，笑了好一会儿。

第三天，小程喊口令时，自带动作，喊完口令，示范动作保持两三秒。"程浩宇啊，今天你太了不得了，一是做动作喊口令，二是喊完口令还保持动作。我得改口叫你程老师了！"说完，教室的四面八方又爆发出笑声。"大家觉得像程老师的话，掌声送给他！"教室里响起经久不息的掌声。

第四天，小程带着多变的节奏喊口令，"时间到"三个字，第一遍是慢速版的，契合同学的调适状态。第二遍是快慢结合版的，第一个字是慢的，第二、第三个字是快的、连读的。"程老师越来越棒了，今天变着节奏喊，同学们能对上你的节奏，说明你指挥得好！"第五天，小程在任务二结束前十秒钟左右，看了眼屏幕，像我日常上课那样调整好状态，等到铃声响起，马上起身喊口令。"程老师今天时间管理能力特别强，喊口令很迅速。我们一起表扬程老师！"

说也奇怪，上学期我总是苦于没有表扬"口令小老师"的素材，这学期却能常常翻出新花样——看见别人未曾看见的，发现孩子今天身上专属的味道。小程呢，也建立了自信，那铿锵有力的声音，那从容规范的体态，那独当一面的判断……"程浩宇啊，接下来你站上讲台做口令小老师，怎么样？"

"好的，张老师。"这次，小程脱口而出的是应允。

管建刚

口令由小老师喊，课堂由小老师用口令来管理——学生自主管理的课堂。口令不只锻炼了小老师，也把课堂管理带到了一个新境界。

郎丽翠

1. 早读口令小老师。

早读口令小老师一周一换，同学们投票选出，由声音洪亮的同学担任。小老师讲台前一站，喊"语文书"，同学回"拿出来"；小老师喊"39页"，同学回"快打开"；小老师喊"读词语"，同学回"我不怕"；小老师喊"字音字形"，同学回"记住它"。齐读词语后，小老师喊"早读结束，书合拢"，同学回"坐端正"。早读在小老师的带领下有条不紊，开启元气满满的一天。

2. 背诵口令小老师。

五上第一课《白鹭》要全文背诵，或早读或午饭后或午睡后，背诵小老师喊"说坐正"，学生回"就坐正"。"背诵2—5自然段，计时5分钟。"自由背后，小老师喊"小眼睛"，同学回"闭起来"，检查背诵。小老师也会组织"扔炸弹"的背诵小游戏，一个同学背一段，然后点另一位同学来背诵，背错小老师就喊："炸。"

3. 课前准备口令小老师。

"课前准备。"小老师朵朵一喊，同学们马上回"准备、准备"，并坐直坐正。"书签书签"，小老师嘴上喊口令，左手作扶书状，同学们回"夹在书间"，"文具文具""放在眼前"，每一个口令，每一个动作，都那么整齐，小老师的眼神紧盯着同学们，随时表扬表现好的。口令一喊，马上就有了上课的紧张气氛，一个个蓄势待发，精神抖擞。

4. 游戏口令小老师。

课中游戏口令小老师一月一换。游戏口令小老师走到讲台前，小老师或张开双手，或拍手，喊"小游戏"，同学们回"开始了"。小老师喊"正话反做"，同学们回"我能行"。小老师喊"游戏结束"，同学们回"坐端正"，又投入到紧张的学习活动中。

5. 结束口令小老师。

自由读时间到，或写任务单时间到，便会听到小老师梓航的声音："时间到。"同学们或接"轻轻放"，或接"笔放下"，比老师的口令还管用。梓航的注意力也越来越集中，不仅口号喊得起劲，读词、读句声音更是洪亮。

朗读口令小老师、听写口令小老师、路队口令小老师、食堂口令小老师、宿舍口令小老师等等，口令不仅可用于课堂，还可用到管理的方方面面。

管建刚：一条口令的 15 种喊法、班本化口令、小老师喊口令，一个字：变。不变，学生能喊出精气神？张怡老师的回答居然是——能。

张 怡：口令要有所变化，要不然喊着喊着就没精神了，很多习课堂老师这么说。我们班，今年的口令和去年一模一样，喊法也没什么变化，学生依旧精神饱满，即使下午的课也精神抖擞。我询问了学生，他们说："要赚 Q 币，争取拿奖杯啊！要赚 Q 币，拿面包券啊！要得到优秀星，获得其他同学的掌声啊……"口令是"旧"的，口令背后的奖励机制是"新"的。

每个单元结束，组长统计成员的 Q 币数，Q 币数最多的学生为本组的"Q 币大亨"。统计员将所有学生的 Q 币数誊写在统计表上，全班 Q 币数最多的为本单元的"Q 币富翁"，这也是期末评"三好学生""文明学生"的依据。

"Q 币大亨"和"Q 币富翁"这两个称号，是学生讨论出来的。第一单元"Q 币大亨、Q 币富翁颁奖典礼"上，PPT 打开，红色的背景图配上"颁奖典礼"这四个大字，学生眼里都绽放出了新奇的光，脸上露出了无比灿烂的笑容，教室里沸腾了，小吴大喊："哇！我过生日都没这么有仪式感呢！"既然是"颁奖典礼"，当然要有主持人。一听"有请主持人上场"，教室里再次沸腾，欢呼声、掌声热烈而持久。"女士们，先生们，大家下午好！……"小孙很有表演天赋，简单的一句开场白把所有人都逗笑了，学生们深深地被颁奖仪式所吸引。

在热烈的掌声中，"Q 币大亨"们拿着一张张写有"Q 币大亨"四个字的奖状在屏幕前合影留念，"Q 币富翁"举着印有"Q 币富翁"四个字的奖杯在屏幕前合影留念，他们获得的不仅仅是一张奖状、一个奖杯，更是一种荣誉。"Q 币富翁""Q 币大亨"可挑选"面包券""水果券""牛奶券"中的任意一张，选"面包券"的学生可以连续两周带面包，选"水果券"的学生可以连续两周带水果，选"牛奶券"的学生可以连续两周带牛奶，他们享受着"别人不可以，我可以"的特殊待遇，自豪感油然而生。冬天到了，"面包券"尤为诱人，小江曾在日记中写道："谁不想在课后延时的时候啃几口面包啊！闻着教室里的面包味，真是口水都要流出来了！"

"Q 币富翁""Q 币大亨"的获得者毕竟是少数，其余学生怎么办呢？一个单元结束后，统计任务单上的"优秀星""写字工整""默写全对""有进步"的次数。一个单元一共八课时八张任务单上，得到四次以上"优秀星"的，得"万能免写券"一张；得到四次以上"写字工整"的，得"免抄写券"一张；任务单默写全对的，得"免默写券"一张。没有得到"奖状""奖杯",也没有"免写券"的同学,可以在"Q币兑换会"上用自己"赚"的Q币兑换。"免抄写券"10Q币一张,"免默写券"15Q币一张,"万能免作业券"30Q币一张,"和老师交换午餐券"15Q币一张,"免值日券"10Q币一张……以上的券每人限购一张,最近我们又推出"看电影券"70Q币一张,"操场游玩券"50Q币一张,全班每人出10Q币,一起去操场玩半小时……

Q币奖励机制到位了,符合学生心意了,有效实施了,课上就不怕学生的口令没精神。

管建刚

江西郑老师说:一盘散沙的娃娃们,站没站相,坐没坐相,又如何能按时完成学习任务呢?……正确使用课堂口令,确实能起到事半功倍的效果。广东唐老师说:以前,我的课堂上充满了抱怨和叫喊,有些学生不遵守纪律,不听指挥开小差;用了习课堂,用了口令,我连扩音器也不用了。山东张老师说:用了课堂口令,真的不用管纪律了,上课真的顺畅多了,真的管用。

第二部分

习课堂表扬

第 1 节　表扬原来这样

管建刚

"无论什么人，受激励而改过很容易，受责骂而改过却比较难。"（陈鹤琴）为什么老师常以批评和指责来教育学生，而不是用表扬和鼓励呢？因为表扬是一种能力，需要专业的修炼。

张　怡

"你的读书声音真响亮！""你坐得真端正！""你的字写得真工整！"以前我经常这样表扬学生，结果真的没什么效果，以至于我都怀疑表扬和激励的功效了。做了习课堂才知道，有效的表扬要"名字＋细节＋结论"。

比如，学生读课文、读词语，我这样表扬——

◎何沈鑫读到"祈祷"这个词，不确定"祈"是第二声还是第三声，主动举手向我确认，做到了"不会读的问老师"。

◎很佩服毛相宜，她的前后左右都是男生，周围的读书声很响，她依然能坚持自己的读书节奏，不被干扰，了不起。

◎施锦晟估计坐得肩膀有点酸，耸着肩，读了会儿课文，放松片刻，立刻调整到正确的读书姿势。

◎读词语时，我走到沈浩轩面前，做了双手放平的手势，沈浩轩在不影响"读"的前提下，立刻改正了他双手的姿势，点赞！

◎宋诗杨的任务单正确率有了很大的提高。她的进步源于认真读书，每次只要读到疙瘩的地方，就会回过头去把这个句子读上两三遍。读书认真了，答题也就顺心了。

比如，学生完成任务二、任务四的习题，我这样表扬——

◎平常严哲昊在做任务单时，眼睛时不时要瞥向计时器，但今天没有瞥一眼，做到了专注、定心，字迹工整了，正确率也有所提升了。

◎秦智欣做连线题，圈画出了关键词，左边和右边一一对应，细致。

◎最后一道题"像这样细致描写腊八粥的句子，课文中还有四处，请用笔在书上画出来，并挑选一处写在横线上"，很多学生只找了一两处，选写横线上了。只有邹雨轩一直在找，找到第一处找第二处，找到第二处找第三处，第四处迟迟没有找到，她就迟迟不写，她是完全按着要求一步步去做的，先找再写，绝不马虎！

◎以前，万佰川做任务单，依赖翻语文书，这学期他接受了张老师的建议，尝试不翻书做任务单，今天他做到了，全程都没有翻语文书，点赞！

比如，学生学习中表现出来的意志力——

◎沈伊文的腿比较长，桌子对他来说比较矮，但他仍然能坚持两腿放平在地上，点赞！

◎今天天气比较冷，做任务单时，张婧函左手冻得都发紫了，但依然放平压着任务单，张老师十分感动。

◎计雨馨的手因为冻疮龟裂了，握拳的时候一个小口子都崩裂开来，计雨馨仍坚持握拳的姿势，张老师看着既心疼又感动。

表扬有了具体的人以及具体的事，每次表扬都能看到学生脸上抑制不住的笑容，我知道我的表扬走心了！学生是"活"的，"活"的一定是变的，每次表扬的话都是不一样的，都是为这个学生量身定制的，必然"深入人心"。

管建刚：张怡老师看见了一个个具体的、鲜活的学生。看见细节即看见"鲜活"。没有老师会承认课上"看不见"学生。钱海燕老师却说"看"未必"见"。

钱海燕：

课上，老师"看"学生有三个层次。

第一层："看向"学生。

我经常看到这样的课堂现象：老师讲课时，双手撑着讲台，眼睛时而看教案，时而平视前方；学生读PPT上的内容，老师的眼睛看PPT内容；学生读课文，老师的眼睛也看着课文，老师只是偶尔"看向"学生，扫视一下"全体学生"，看不见具体的、个体的学生。习课堂要求老师的眼睛时时看向学生，学生读PPT内容时，老师不看PPT而应当看向学生；学生读书，老师不拿书、看书，还是看向学生。学生抄写词语，老师要走下去看学生；学生答题，老师要走下去看学生，而不是在讲台前批作业、看教案。只有这样，才能"真见"，而不是粗粗地"看向"。粗粗地"看向"学生，不可能说出走心的表扬的。

第二层："看见"学生。

习课堂上学习任务紧凑，70%的课堂时间学生都在"读"和"习"，而老师70%的时间在"看"学生读、"看"学生习。不是看个别学生的读和习，就是在看全体学生的读和习。"看向"学生不等于"看见"学生。要求学生打开书，捧起书读，老师的眼睛看向全班学生，45个学生有42个学生捧起书读，还有 3 个没有翻到指定的页码没有开始读，老师看不见；要求学生打开作业，提笔答题，老师的眼睛是看向了学生，45 个学生有 42 个学生做好了答题准备，还有 2 个没有拿好笔，1 个在找直尺，老师看不见……"看向"学生，只是看大概；"看见"学生，是看个体，是"一个一个"地看。"看整体"不等于"一个一个"地看。

第三层："看清"学生。

"看见学生"是看了"个体"，"看清学生"是看了个"究竟"。以学生画线为例，"看见学生"，有的画得直，有的画得歪，有的画得快，有的画得慢。"看清学生"呢，甲的左手压尺，右手画线，紧压住尺子的中间，不让尺子移动和偏离，线条直，运笔流畅；乙的手没有压在尺子中间或没压紧，线向下或向上斜，中间有凹凸；丙不是画在尺子的上方，而是下方；丁是用胸卡代替直尺画线……以背书为例，"看见学生"，有的看着天花板背，有的捂着眼睛背，有的打开书遮住内容背，有的合起书背。"看清学生"呢，甲把要背的内容读了三遍，然后合起书背，背着背着，有几句话记不清楚，再打开书来读；乙的语文书一直打开着，读读读；丙的语文书一直合拢着，背背背，背不出的地方打开一下。

表扬不能触动学生的心灵，大多只是"看向学生""看见学生"，而没有"看清学生"。"看清"学生画线，"看清"学生背诵，表扬的话一定会敲打到学生的心坎上，别的同学也恍然大悟——原来他是这么画的，怪不得又快又好；原来他是这么背的，怪不得我没他快。

第 2 节　错误里找金子

管建刚

> 批评和指责是人的本能，表扬和激励才是教师的本事。一名用砖块砸人的学生，陶行知看到他身上的四个闪光点，奖给他四颗糖果。习课堂实验班有"小陶行知"——

胡梦姣

A 同学和 B 同学打架了。A 同学的文具丢了，怀疑是 B 同学偷拿的。B 同学否认，双方口角不断，最后打起来了。我问 A 同学为什么认定 B 同学拿了文具。原来 B 同学曾经承认偷了他的零食。这事说大不大，说小不小，怎么办？

第一颗糖果。我问 A 同学，B 同学曾经拿你零食的事情，是他主动承认并告知你的吗？A 同学点头说是。我赞许地看向他们："虽然 B 同学有过偷拿东西的行为，但他主动认错。可见他不是一个知错不改的孩子，文具的事情也许是有误会。A 同学你也很实事求是，没有否定他曾经主动认错的事情。你们都是好孩子。"我给他俩一人一颗糖果，奖励 B 同学勇于承认错误，A 同学实事求是不说瞎话。

第二颗糖果。之前线上课学校发的一个摄像头，一直放在屏幕上忘记取下来。于是，我告诉他俩，黑板上的摄像头可能拍到了具体情况，我查看后给大家答案。学生比较单纯，如果拿了他人的东西，在强大的心理压力下，往往会自动承认过错。B 同学诚恳地说他不怕老师检查视频，他并没有拿文具。见此，我问 A 同学，你现在相信 B 同学了吗？他点头说是。我又给了他们一人一颗糖果，为 A 同学的相信同学，为 B 同学的镇定自若。

第三颗糖果。我对犯过错的 B 同学说："也许你会觉得很委屈。但正因为你曾经做过错事，同学们才会马上怀疑到你头上，人与人之间的信任感就是这么被消磨掉的。所以，一次过失会影响到后面的信誉，这是这件事里你要得到的宝贵经验。"B同学诚恳地说，以后不会再偷拿同学东西了。我请B同学帮助A同学一起去班里找丢失的文具。之后他们发现了文具碎壳，原来文具掉在地上后，被经过的同学踩压移动，碎壳便散落在教室各处。我又给他俩一人一颗糖果，奖励他们找到事情的真相。

为什么在学生犯错的时候，我还能心平气和地去发现学生的亮点，从而比较好地解决了这个事件？我想，是习课堂的课堂激励、课堂表扬影响了我。因为每一节课都在睁大眼睛看学生的优点、亮点、进步点，久而久之，看学生的眼神和角度就发生了变化。

管建刚

上岗不满三年的胡老师，用"三颗糖果"完美解决打架事件，点赞！上午第一节课就有学生打哈欠，你怎么处理？

周利利

"你读书的时候，小眼睛都透出光亮，真投入呀！""你的字比印刷体还好看！""你朗读真响亮，非常有自信！"模块化，套话，用到谁身上都可以。这样的表扬学生开心吗？一开始会，听多了就不会了，老师对谁说的都是这些，糊弄我们呢。习课堂的灵魂——课堂表扬，我的致命伤。怎样的表扬才有灵魂呢？直到徐一诺打了那一个哈欠，我好像有点开窍了。

星期一的第一节课，双休回来的学生精神涣散，双眼迷离。很不幸，周一的第一节课是我的语文课。徐一诺无精打采，像没睡醒，丢了魂一般。读课文时，他那大大的哈欠一下子被我捕捉到，换作以前我早火冒三丈，批评的话肯定脱口而出，也不知怎么的，那天脱口而出的是："我要特别表扬徐一诺，我说过渡语的时候，他打了一个大大的哈欠，整口牙都露出来了，说明他这个时候状态不怎么好，但老师一下令——读！他的哈欠没有打完，憋回去了，马上加入到读的队伍中了，这就叫配合！"我和同学们一起对着徐一诺鼓掌和竖大拇指。霎时，徐一诺红了脸。事后他说，心里甜滋滋的，下次尽量不打哈欠了。

这次的表扬为什么走心？——时间"趁老师不注意的时候"，事件"打哈欠"，描述"哈欠大到整口牙露出"，转变"哈欠没打完憋回去"，表扬点"配合"，上述表扬用了将近25秒，十足的"慢表扬"，学生干了什么，细枝末节都描述出来了，这就是具体，这就是细节，具体就是关注细节。这样的"慢表扬"专属定制款，独一无二地属于徐一诺。

行为校正，顺向批评是人最直接的反应，受批评者大多感到尴尬、丢脸、畏惧。老师要具备逆向思维，千方百计从"不好"中挖掘"好"，夸"不好"中的"好"，用"温暖"融化"冰冷"，用"好"覆盖"不好"。

管建刚

"表扬"代替"责备"，课堂便有了"化腐朽为神奇"的美好，教育便有了"化腐朽为神奇"的力量。习课堂，放开老师"表扬"的嘴，带你发现曾经忽视的美。

杨　婷

这是一节再平常不过的语文课。

课代表站在讲台前，照例用口令管理课前准备。我进入教室，学生们已经准备就绪。任务一的自由读课文，我走下去倾听。小康双手撑着桌面，上身往前倾，我拍拍他示意坐下，他回头表示他在读前面同学的课本，我恍惚，又回神，小康没有带语文书？批评的话似要从喉咙口冲出来，但忍住了。整个任务一的"读"，小康一直站着，我一边巡视其他学生，一边偷眼看他。小康，一个平时上课都会走神、都要提醒的人，没带课本，按理学习状态肯定不在线，这次却有一点不一样。

任务一的朗读即将完成，我来到他身边，闹钟铃声响起。"时间到！""我坐好！""说看小康。""就看小康。"学生们的眼睛齐刷刷看向他，小康也端正坐下。我拍着他的肩膀说："小康，请你把刚才的读书姿势给大家示范一下。"小康走到前面同学的左手旁，左脚往前迈，身体下压，做了一个弓步蹲的姿势。学生们笑了起来。"小康为什么做出这样的姿势？"学生齐回应："他在读前面同学的课本！"我揭秘："我看到小康变换了3种姿势，第一种，站在座位上身体前倾从后往前看前面同学的课本，那时候我还以为他坐姿不端正；第二种，在前面同学的侧后方蹲马步看；最后一种，刚刚的左侧弓步蹲姿势。可能小康自己都没意识到自己姿势的变换，因为他的专注力都在读书，他可能也不在乎自己的姿势好不好看，只要能看清楚课文！这一切，都是因为专注！"同学们带着笑意和赞许的目光，用掌声为小康点赞。

"小康今天没带课本，他没有被动等待老师帮忙，或是装模作样，蒙混过关。面对问题，自己想办法解决，没有条件，创造条件也要完成任务！让我们再次把掌声送给能自主解决问题的小康！"掌声再次雷动，学生们眼中顿时迸发光芒，仿佛看到了不一样的小康同学。

"今天，小康没有带语文书，但他比带书的同学更专注；这一次是他准备不足的一次，却是他学习状态最好的一次！错误可以成全最优秀的自己！"同学们自发响起掌声送给小康。我看了他一眼，他嘴抿着，笑意和自豪却止不住从眼角溢出来……

这样的"失误"里的"精彩"，一定不是第一次发生。但是，以前的我却看不到。很庆幸，因为习课堂的课堂激励，从此刻起，我要从一个又一个的"小康"的"失误"里看到他们的"努力"和"精彩"。

管建刚

不用表扬和激励去教育学生，就会用批评和指责去教育学生。一个缺少温度的老师花在批评和指责上的时间和精力，跟一个有温暖的老师花在表扬和激励上的时间和精力是一样多的。只不过前者的学生得到了消极反馈，后者的学生得到了积极期待。

第3节 大拇指的魅力

管建刚

上完课，摄影师来致歉，没有拍好管老师的大拇指。摄影师看过一本书，一个人只要收到他人1000次的大拇指，这个人会完全不一样，"我从来没有看到一位老师，课上给那么多学生送上那么多大拇指"。

唐 莹

每个班总有那么一两个软硬不吃的学生，小张就是。上学期，他老像条"软皮蛇"那样趴着，提不起精神。直到那天看到了管老师的习课堂《麻雀》，管老师的那只强而有力的大拇指引起了我的注意，真的，隔着屏幕都能感受到管老师对学生的真心和欣赏。这可以在小张身上一试。

我走到小张的身边，他开始装模作样地动动嘴，我盖了两个印章，转了一圈，回到他身边，他还在读，我立刻伸出右手，在他面前伸出一个强而有力的大拇指，足足停留了5秒。小张眼中有光一闪而过，立马坐正。那节课，我看到了与往常不一样的小张。从那节课开始，他尝试着跟着大家一起学习了。嘿，这招真灵！小张的成绩不理想，我动员他本学期参加晚托，争取补回来。他眨巴一下眼睛点点头。晚上给他妈打电话沟通，原来他妈怕他纪律差，老师会投诉，所以干脆不参加了。我说可以试试，小张进步挺大的。第二天，我看到小张的素材，第一次写了满满的一页，其中有句话我很感动：唐老师打电话给我妈，建议我参加晚托，没有投诉我，这是我这一辈子遇到的最好的老师了！

大拇指用在小温身上，他告诉我要跟同桌比一比，谁的语文成绩好。大拇指用在小黄身上，他告诉我素材要再写多一页，争取拿奖状。一个大拇指，居然带来如此大的变化，不说教，不谈心，一个大拇指，拉近了我和学生们的距离。

我经常跟两个搭档讲，多用课堂管理口令，多用课堂表扬，表扬要具体的"人"具体的"行为"，这个学期，她们终于听进去了。英语老师对我说，她表扬小张比上学期进步了，读书读得越来越好听了，结果发现小张竟然不好意思地脸红了，她从来没有看到过小张这种表情，太不可思议了。数学老师说，她每天上课前先表扬一通，再上课。我接口："对啦，哪怕你们捂着良心，也要说学生的闪光点，张开你们表扬的嘴，学生就越来越喜欢你们，你们的课堂纪律就越来越好，课堂效率就越来越高，学生的考试成绩也越来越好！"

管建刚

教育的根本不是补短，而是扬长。所以，习课堂准备了"大拇指"印章，鲜红的大拇指永远地留在孩子的课本上、作业本上。

陈　晓

小智是全校出名的"捣蛋大王"。课上随便下座位，课后时常欺负同学。每天，班主任总要处理几个跟小智有关的纠纷。没想到二年级，这个出了名的"坏小子"落到了我的手里。

怎么治？

第一节课，我高高举起习课堂特有的大拇指印章，隆重介绍："你们看，这一个大拇指，就是你们在校表现的最好证明。"我看了看大家期待的目光，继续说，"那么，这大拇指有什么用呢？它有神奇的魔法，五个大拇指，可以兑换零食；十个大拇指，可以抽盲盒……"大家的目光亮了，小智也从神游中苏醒过来，聚精会神地看着我。

"怎样可以得到奖章？老师把几个重要的条件打印在我们班的公告栏里，大家课后去看！"

一下课，公告栏旁边就挤满了人，小智冲在第一个。

小智的第一个章，我"开后门"给的。

自由读环节，我说"计时开始"，大家都张开嘴巴，大声读起了课文。只有小智，呆呆地看着书本，发现我即将靠近，手在书上乱指，嘴里含糊不清地读了几个不标准的字，遇到生字就跳过。我摸摸他的头，在他的语文书上重重敲了一个章。"老师要表扬小智的自由读！"面对大家质疑和诧异的眼神，我说："小智注意力集中在语文书上的时间比以往都多，和以前的自己相比，他进步了！"大家看着小智的目光也逐渐由怀疑转向敬佩，鼓起了掌。小智却红了脸，不好意思地挠挠头，看着鲜红的激励印章出神。

小智一向急躁，以往囫囵吞枣地写完了词语，决不会检查，默写自然错得多。这次，看到小胡用激励印章兑换了零食，神采奕奕地从身边走过，他羡慕不已。于是，小智先在自己的本子上默一遍，又在错误的词语下面抄一遍，到我给他们默写时，果真全对了。正当小智准备接受凭自己货真价实的努力得来的激励印章，反转来了，小智忘带语文书！为了防止大家忘记带书，我很早就说过，谁不带书，当天的奖章就取消。我第一次见到这么要强的男孩子，被爸爸打了也不哭，和别人掐架鼻青脸肿也不哭，这回，眼泪却实实在在滴在了桌上。

半个学期过去了，小智的书本一如往常，封面早已不见，残存书页，边边角角也被磨得参差不平，第一页上的颜色竟成了接近黑色的深灰色。可是上面的奖章以及奖章周围，却是清清楚楚，看得出是橡皮每天小心擦拭的缘故。再仔细看，每个激励印章的旁边还用铅笔轻轻地写下数字1、2、3……

这个学期，小智拿到了整整20个激励印章。"大拇指"真有魔法，这个大家眼里的"坏孩子"，不知不觉中蜕变成大家眼中的"好孩子"。

管建刚

大拇指印章不是习课堂的发明。不少老师也用，往往仅限于批改作业，而习课堂却是课上用、课后用、全程用。

郑咏梅

看，坐姿端正，大拇指印章一盖，身板更正了；声音响亮，大拇指印章一盖，声音更响了；写字美观，大拇指印章一盖，字更漂亮了；预习认真，盖大拇指章；帮助同学，盖大拇指章……一个个鲜红的大拇指，激励着孩子走向更好的自己。每次盖章，我都会有意地用力敲，"哒"的一声响，不仅给得到"大拇指"的孩子带来浓浓的自豪感，也会给同桌、周围的同学带去强烈的激励。

课后，学生经常三五成群地凑在一起，津津有味地数着自己的印章数，自我"炫耀"，互相"攀比"。有时还会为了一枚小小的印章争得面红耳赤，一问原因，印章盖得快了，有点模糊，我赶紧道歉补盖，这可是孩子应得的劳动成果啊。一次，我给一个朗读特别棒的孩子，一口气盖了三个大拇指章，招来了无数羡慕的目光。"课后有谁要挑战语彤的朗读，能超越她，老师给他盖五个大拇指章！"一石激起千层浪，重赏之下必有勇夫，那一天的课间，勇于挑战的学生排成长龙，我连喝口水的时间都没有了……累，并快乐着。

这么多的大拇指章不能只是看，还有相应的奖励：五枚印章可以兑换习课堂1Q币，20Q币可以兑换一张刮刮卡。而刮刮卡里的奖励嘛，哈哈，当然由老师自由填写啦。一开始，铅笔橡皮本子之类的，慢慢地，兑换积极性不高了，我当即把刮刮卡里的奖励换成当值日小班长一天、表扬信一封、排路队举班牌一周等诸如此类的荣誉，嘿嘿，孩子们的兴趣再次被激发了。

习课堂上，保持孩子的学习热情，大拇指激励印章的力量不容小视。从开学到现在，孩子们对大拇指印章的热情有增无减！

管建刚　成都王洪丽老师说，用了习课堂，我没了"河东狮吼"，少了"苦口婆心"，小燕子似的给孩子们敲大拇指。这样的课堂学生怎么会不喜欢呢？

第 4 节　有效表扬法则

管建刚　家常课公众号发过《课堂激励的 80 个金句》一文，阅读量很快破万。王芳老师却说照搬 80 个表扬金句没用。怎样表扬才有用？

王　芳

1. 价值法。

《漏》第一课时的自由读结束后，我说："你们看，我在小甲这里发现了什么？"学生的目光全部聚焦到小甲的座位上。我举起小甲的课本："这是一年级的时候我奖励给大家的曲别针书签，三年级了，小甲还在使用，也许等到他像王老师 30 多岁了，这枚书签依然还在，这就叫？""珍惜——"学生异口同声地答道，集体自发地把热烈的掌声送给了小甲。珍惜、感恩、友爱、包容、坚持等美好品质，天然地存在于每个孩子的身上。老师只需要去看见、去激励、去唤醒，告诉学生普通的行为背后不普通的价值。

2. 转述法。

小杨令人头疼，但俞校长告诉我，书法课上小杨很喜欢帮忙干活儿，课后洗墨盘、毛笔、盆子，像模像样。语文课上，我巡视一圈，走到小杨身边，对学生们说："书法老师告诉我，小杨用抹布把台面打扫得干干净净，我相信语文课上，小杨也会有让我惊喜的表现。"从那以后，小杨越来越喜欢上书法课——只要调皮的学生能找到一个热爱的、自信的课堂，就能影响他的整体精神面貌，自然也能反馈到语文课堂上来。

3. 真诚法。

跟岗老师用我们班上习课堂，两天四节课，吕轩绮被夸了四次"朗读好"。这引起我反思：日常的课上，我是不是一提到朗读好，就是吕轩绮，一提到写字好，就是沈雨霏？熟知的表扬对象，学生一点新鲜感和期待感都没有。小乙经常在及格边缘，但他纪律好，我找到机会就表扬他这一点，可他也知道那是安慰。期末复习，小乙有做不完的题目，默不完的词语，订正不完的错题。第三单元默写了36个词语，小乙错了22个，这还是他妈妈在家里反复默写后的成果。一天，我在教室批作业，发现小乙一笔一画，有顿笔，有笔锋。我马上投影给全班学生看，让他们猜猜这是谁的字。大家说了好几个名字，都没说对，我让字的主人站起来，小乙胆怯地、缓缓地站起来了。"你们看看，小乙不仅是在做词语订正，他是在享受练字的专注和快乐啊！"大家拼命为小乙鼓掌，因为他们听出来了，这是"真"表扬。

4. 信心法。

以当堂听写为例。听写8个词语，我以前总大公无私，一定选8个易错易混淆的词语，基于对学情的精准把握，每次都能让学困生颗粒无收，从头订正到尾。这是多么糟糕的体验呀，恐怖的是，每两天就要经历一次。后来，我把当堂听写变成了秘密的"6+2模式"，"2"就是最简单的、保证人人都会的。我不再以难倒学生为目的，而是让他们获得成就感，写对2个我就表扬，挂零的人越来越少。从"0"到"2"最难，从"2"到"4"，再到"6"，学困生看到希望，建立信心。

5. 定点法。

第一课时的任务二，我一定会看"选择读音"，全对的学生盖章、表扬，这是针对具体题型的定点表扬。选择这个题型原因有三：一是知识点不算太难，是后进生努力也够得着的小目标；二是知识点不算太简单，易混淆的读音，需要在任务一"读"的时候十分专注，一边读一边记；三是即使优等生，也不一定能保证每次都全对，全对的人就很有成就感。

输入任何一首歌，"AI孙燕姿"都能用孙燕姿的声音把这首歌唱出来。但是，我听孙燕姿的歌一下午；听"AI孙燕姿"的歌，一首都坚持不下去——AI的声音缺少真挚的情感。习课堂表扬也如此，照搬80句表扬金句没有用！

管建刚

习课堂认为，表扬不是课堂的点缀，而是唤醒学习动力的甜药。请看周静老师"不一样"的表扬——

周　静

1. 表扬的"面"不一样。

习课堂上，老师关注的是全体学生，而不是那几个主动的、积极的好学生。习课堂上，不管是优等生，还是中等生、后进生，不同层次的学生被表扬的几率是相同的，表扬不是优等学生的专属，也不是积极主动的学生的专属。同样的读课文，优等生读通顺读流利不表扬，读得有感情才可以；读书声音轻的同学今天老师能听到了，就要表扬；后进生在规定时间内读完一遍，就要表扬。每一个学生都值得表扬，表扬的"面"宽了，大了，人人都有劲头了。

2. 表扬的"点"不一样。

习课堂把70%的课堂时间还给每一个学生，由此老师腾出时间和精力，投放到学生身上。学生的课前准备，上课情绪，朗读态度、姿势，拿书、拿笔的速度，当堂作业的姿势、习惯、方法等都是表扬的"点"。习课堂重视对学生学习习惯、学习素养的培养。课前准备，书签夹于所学内容处，学习工具放桌子左上角，桌上无关的修正带、透明胶等统统收起来，这就值得表扬。一个能在每节课前主动收拾桌面，课后主动在后面保洁的学生，学习不会差，生活不会差！

3. 表扬的工具不一样。

习课堂要求，一节课下来至少70%的学生都得到激励印章。任务一、任务三的"读"，可以表扬：读书坐姿、读书声音、读书速度、读书眼神等；任务二、任务四的"写"，可以表扬：写字姿势、答题字迹、答题细心、答题方法、答题速度等。印章和Q币可以单个使用，也可以综合使用，比如一个印章可以换1Q币，每周五固定时间由小组长统计，一单元结束兑换一次奖品，以精神兑换为主，物质兑换为辅。物质兑换可以是文具用品和健康小零食，精神兑换可以是10Q币"免做回家作业一次券"，15Q币"跟老师合影一次"等。

4. 表扬的陈述不一样。

习课堂拒绝"你真棒"，"你读得真有感情"这样笼统、含糊的表扬。

学生具体是哪里"棒",有感情具体是哪里的什么感情,是一个词、一句话,还是语气语调。表扬的话一定要清楚、明白。说得越仔细,表扬的效果越明显。我们常说"某某同学上课很认真,你们要向他学习",初听没什么问题,细细想想,不禁要问:学习他的什么呢?他哪里表现认真呢?该怎样学习呢?比如表扬朗读的专注:"老师从杨志涵旁边走过了两次,每一次他的眼睛都紧紧盯着课本,没有一丝一毫朝我这边瞥,这就叫专注。"这样清楚的表扬,不仅进入杨志涵的心田,也进入所有听到的学生的心田。

5. 表扬的目的不一样。

习课堂上的表扬,一半是激励被表扬的学生,一半是给大家指明努力的方向和方法。"读句末语气助词'焉'的时候,拖长了尾音,小古文的味道就出来了。"这样的表扬能让其他学生学习到朗读方法。一个学生走神了,"赵辰逸目不斜视,张大嘴巴入情地读着,手指从一根变到两根、三根……现在已经示意第六遍了",用这样的表扬提醒走神的学生,这就是正面管教。后面继续跟踪走神的学生,如果他有转好的迹象,就可以给他竖个大拇指或者敲章。

管建刚

习课堂上,"每一个"都被看见、被关怀,哪怕是"上蹿下跳"的、"神游万里"的、"浑水摸鱼"的。"逆着夸",邹思怡老师的招——

邹思怡

1. 夸"上蹿下跳"的。

预备铃刚响,还没进入教室,就看到一个男孩子在教室后门口东张西望,显然是探风,还不时向班内同学直播:"老师还没来!"我没有批评他,只是注视着他走进教室。他感受到我的目光，回到自己的座位附近——果不其然是调皮的主，要不以他的身高，怎么可能会坐在最后一排？他还在显示着自己的桀骜不驯——站在座位边徘徊，就是不落座，假装在书包里找东西，眼睛还时不时偷瞄我。我不说话，看着他。其他学生从对新教师的好奇，到现在看我沉默不语，都已经坐端正，等待着正式上课。1秒，2秒，3秒……铃声响起，他实在被我"看"得不好意思了，坐到了位置上。为了缓解内心的焦躁不安，双手去理了一下桌面上的语文书和一些文具。

我走向他，手搭在他的肩膀上，全班同学都把目光聚焦到了他身上。我不是要批评他，而是要狠狠地夸，看了他语文书上的签名，知道他叫陈梓熙。"不出意外，陈梓熙同学这节课会成为我们的榜样，为什么呢？短短3秒钟，他把课桌上的语文书和文具用品重新检查整理了一遍，看来是要确保这堂课不出现丢三落四的情况，请把掌声送给他的严谨认真。"我当然知道他刚刚只是为了缓解内心的焦躁而随手整理了桌面，但是，这对他来说就是一个可以夸赞的点。伴随着同学们的掌声，他的腰板又挺了挺，坐姿变得非常标准。其他学生已经学着陈梓熙的样挺直了腰板，进入了上课状态。

几乎每个班都有"上蹿下跳"型的"陈梓熙"，上课喜欢开小差，时不时下座位，和旁边同学传小纸条，跟前后左右的同学唠唠嗑……怎么抓"上蹿下跳"型？寻找他们身上的"好"，逆向"夸"，没有哪个学生是不喜欢听表扬的，课堂秩序由此发生改变。

2. 夸"神游万里"的。

陈梓熙进入了状态，课堂也渐渐进入了状态。"3分钟自由读课文，计时开始！"和往常一样，学生自由读的时候我拿着奖励章巡视。习课堂，学生不会因为你是新老师而感到不适应，因为前任语文老师也是这么做的。

一位男生进入我的视线，第一圈走过他身边，他读书声音轻；第二圈走过，不仅轻，语速也慢；第三圈走过，他的嘴巴不动了，目光呆呆的，显然走神了。我回到他的身边，他嘴巴立刻动起来，显然在"乱读"。我读给他听："从此，每天放学的时候，贝贝都要仔细检查，铅笔呀，转笔刀哇，所有的小伙伴是不是都回家了。""老师，你漏了，漏了橡皮呀，是铅笔呀，橡皮呀，转笔刀哇，你读漏了。"……闹铃响，大家停下了读书，我走到这位男生旁边，摸着他的头，说："周俊小朋友可太厉害了，他能第一时间听出老师读错了，并及时纠正老师。"在全班同学的注视下，周俊的注意力更集中了。

类似的"周俊"教室里还有几个，他们属于"上课神游"型。书，读着读着就发起了呆；字，写着写着就放慢了速度……想要他们专注，就要人为地制造一些机会，来训练学生的专注力，并及时用激励来强化他的专注。

3. 夸"浑水摸鱼"的。

任务二结束后，带学生玩了"萝卜蹲"的游戏，学生的状态有所调整。任务三的齐读课文，根据以往的经验，会有部分学生在齐读课文时浑水摸鱼，果不其然，小游戏后的陈梓熙和他周围一圈的男生们都有些小激动，书打开着，嘴巴也动着，口型却不对，眼神也在游离。

我走到陈梓熙旁边，眼神示意认真朗读，他也心领神会，我走到他前面的男生身边，俯身听他的读书。这位男生也在浑水摸鱼，都不知道齐读到哪儿，我用手示意读到哪一段，他开始跟上大部队读起来，从一开始的局促不安，到找到段落的轻声朗读，再到最后跟大家一起大声朗读，我都在他的旁边听着。齐读结束，我向全班学生说："杜文博同学的竞争意识很强呀！为什么呢？他刚开始读课文时有些开小差，但在我的提醒下立马追上大部队，朗读课文的声音越来越清晰响亮，甚至盖过了陈梓熙的声音，请把掌声送给他。"杜文博从开始的"乱读"，到找到内容的轻声读，到最后的大声读，这个"变"，对别的学生来说是应该做到的，然而对他来说，确确实实是一个大进步。陈梓熙听到杜文博朗读比他有气势，立马表示不服，下一轮齐读中，他不开小差了，和杜文博较着真地"读"，慢慢的，陈梓熙周围一圈的学生都在大声朗读，尽管课堂已经接近尾声，学生学习的那股劲还在持续。

常态课上，后半节课常有一个个"杜文博"冒出来，他们属于"浑水摸鱼"型，低年级学生的专注力持续的时间有限，一旦不及时制止，课堂效率会大打折扣。这时候要的不是批评，而是激励，激起学生的求胜欲。

管建刚

张老师说，习课堂带来了前所未有的成就感、愉悦感，我变得越来越期待上课，越来越喜爱我的学生。当你真的热爱一件事，发自内心地想把这件事做好，才能做到"所看之处皆有优点"。周老师说，习课堂之前，我总是板着脸、不苟言笑，现在呢，一心找学生的优点，想方设法夸学生。因为被看到、被认可，所以学生更优秀、更自律、更自强。

第三部分

习课堂 Q 币

第 1 节　怎样挣 Q 币

管建刚　教育的艺术在于唤醒、激励、鼓励。"习课堂表扬""习课堂 Q 币"都属于"课堂激励"。习课堂 Q 币好比班级货币，学生怎样挣 Q 币呢？

金晓兰　习课堂工具箱有一叠 Q 币，一个大拇指印章。课上，我们用大拇指印章，1 个大拇指兑换 1Q 币，"挣大拇指"就是"挣 Q 币"。低年级学生挣 Q 币项目如下——

1. 课上挣 Q 币。

任务一和任务三挣 Q 币：

内 容	激励章数	备 注
大声朗读生字，读准字音	1个	
自由读多音字，用手指表示多音字的声调	1个	
读短句的语气语调，做到有变化	1个	根据课文的内容来判断
读长句子会断句	1个	
听老师范读，读句子有进步	1个	主要针对后进生
规定时间内，自由读课文遍数多的	1个	

任务二和任务四挣Q币：

内 容	激励章数	备 注
字迹端正，坐姿端正	1个	
专心致志地写作业，不受他人影响	1个	
选择序号的题目，做一题勾选一题	1个	
判断题，圈出错在哪里，并改正	2个	
画线题，看清用横线还是波浪线	1个	
读题干，能圈画关键词	1个	
做完题后，检查有无错题、漏题，检查难题	2个	检查有速度，不是做样子给老师看
难题先空着，其他题目完成后，再来思考	1个	
完成作业后大声读奖励题	1个	

奖励题挣Q币：

内 容	激励章数	备 注
比上一节课读的遍数多了	1个	
任务四读奖励题比任务二的时候通顺了	1个	
一字不差地背出奖励题	1个	

2. 作业挣 Q 币。

内　容	激励章数	备　注
习字册，描红规范，临摹仔细，做到撇捺舒展，折笔有停顿，字的结构把握到位	1—2 个	得到"4 星"，奖励 1Q 币；得到"5 星"，奖励 2Q 币
练习册，单次作业全对	2—3 个	有答题痕迹，加 1Q 币
听写本，单元词语听写全对	2 个	期中，听写词语全对，奖励 10Q 币；期末同样
任务单全对，字迹端正、工整	2—3 个	全对，且字迹有进步，奖励 2Q 币
任务单当堂听写全对	1 个	
任务单上的片段写话，符合要求	1 个	
写话本，字迹端正，得"优秀星"	2—3 个	得到"优秀星"，且字迹有进步的，奖励 2Q 币
每周张贴到板报上的作文	2 个	
每周一次的阅读记录单，在走廊展示的	2 个	评选要求：书写工整规范，绘画颜色丰富
单元练习成绩优异或进步明显的	10—20 个	前五名奖励 10Q 币，六到十名奖励 5Q 币；进步大的，根据情况奖励 5—10Q 币

3. 班级常规挣 Q 币。

内　容	激励章数	备　注
晨读守时、自觉、守纪	3 个	不迟到、主动阅读、不左顾右盼
参加学校活动，提交比赛作品	5 个	征文比赛、绘画比赛、朗读比赛等

管建刚　**既要制定得 Q 币的标准，也要制定扣 Q 币的标准。一手软，一手硬，软硬兼备。**

唐蓓蓓　有奖有罚。罚不是老师的特权，而是老师照章办事——

内　容		描　述	扣　分	备　注
班级管理	卫生	每个人负责桌子、凳子下的卫生，公共区域就近均摊，保持干净无垃圾	有垃圾扣 1Q 币	
	纪律	早读前进入教室、上课预备铃铃声结束、课堂 40 分钟、就餐时间、排队时间，随意讲话、扰乱班级秩序	随意讲话扣 1Q 币；扰乱班级秩序扣 2Q 币	

续表

内容		描述	扣分	备注
	常规	没有跟班放学、采摘校园水果、乱拿班级粉笔、攀爬空调机和楼梯栏杆等	视情况扣2—5Q币	涉及安全的扣5Q币
	评比	文明班评比，没有获牌	每人扣1Q币；相关责任人，再扣1Q币	获文明班牌，每人奖励1Q币
	班委	班委不守纪律，班委不管理，放之任之，认定失职	扣2Q币	
		班委管理时，同学无礼顶撞	扣顶撞者1—2Q币	
学习情况	任务单	字迹潦草，态度不端正，未按要求写，格式不对，错别字多	扣1Q币	
	订正	15分钟内完不成任务单订正	扣1Q币	订正最快的小组每人奖励1Q币
	默写	每次默写错最多的三位学生，第二次默写仍错2个以上	扣1Q币	
	背诵	当天未背完，或背得结结巴巴，错字、漏字	扣1Q币	
	检测	不及格；退步10分以上	扣1Q币	不及格学生进步1分奖励1Q币
	上课	任课老师或班委反映课堂纪律不好	扣1—3Q币	

第 2 节　Q 币常规兑换

管建刚：没有消费就没有市场，没有市场就没有活力。学生挣了 Q 币，怎么花？

周静红：

第一阶段：1.0 版本。

一二年级，我给孩子们统一发了印章表，奖励印章都盖在印章表上，两个印章兑换 1Q 币，每满 10 个印章兑换 5Q 币。Q 币可以兑换物质奖品和文化产品——

价　格	商品	说明
50Q 币	换座位一周卡	与另一同学换座位一周，要征得这位同学的同意
	考试辅导卡	单元检测时讲解一道难题
35Q 币	与老师合影卡	拍立得相机与老师合影一张，立等可取
30Q 币	当组长一周卡	为小组同学服务一周
	免写作业卡	免写一次书面作业
20Q 币	考试延时卡	考试时间延长 10 分钟
	拍照站 C 位卡	拍照站小板凳并在最中间
	盲盒抽奖卡	盲盒抽奖一次

注：为了不影响正常的教学工作，印章兑换 Q 币固定在每周五。两个月举行一次 Q 币交易会。

第二阶段： 2.0版本。

三年级，每月小组一起统计并公布组员的Q币数，这等于透明了每个人的"收入"，即便别人给你Q币也无法使用。统计表见下——

姓名	任务单	素材本	作文刊登	课听本	语文书	刊登	背小古文	班级优化大师	纪律卫生学习	总计Q币

每学期的Q币要在学期结束前用完，过期作废。每学期的新Q币都盖上统一的印章，一个学期换一个印章。三年级的兑换如下——

价　格	商　品	说　明
150Q币	老师美文卡	周老师以购买者为主角，写学生的优点和老师的期待，并发在公众号上
100Q币	汉堡一个、薯条＋鸡块一份	
80Q币	毛绒玩具、沙漏、文具盒	
60Q币	手账本、水彩笔、铅笔刀	
50Q币	拼图、钢笔、零食大礼包、冰淇淋、水杯	
40Q币	可爱的小包、马克笔、存钱罐、小风扇、兔儿爷	
30Q币	百变奖励卡、旺仔牛奶、一瓶饮料、小盆栽、密码本	百变奖励卡涵盖了1.0版的文化产品
20Q币	跳绳、标本、橡皮泥、挂件、草娃娃、刮刮乐、图画本	

续表

价　格	商　品	说　明
10Q币	10张闪光彩纸、刮画纸、流沙笔、流沙尺、贴纸、荧光笔	
5Q币	1张书签、尺子、红笔、黑笔、蓝笔、铅笔、橡皮、口罩、红领巾	

第三阶段：　3.0版本。

2.0版效果不错，但我有两个担心：（1）一周兑换一次Q币是否过于频繁？（2）经费从班费中出，家长是否有意见？四年级时我跟家委会沟通，家委会征询了家长的想法，给出了建议：周老师每月发放Q币，孩子们根据自己需求集中兑换成同等价值的现金红包卡或者礼物卡，孩子拿卡回去找家长兑换现金或者礼品。于是我整理了3.0版Q币兑换方案，家长们全票通过——

价　格	商　品	说　明
150Q币	老师美文卡	周老师以购买者为主角，写学生的优点和老师的期待，并发在公众号上
30Q币	百变奖励卡一张	可换小组一周、免写作业一次、与老师或同学合影一次、当一周小组长等
20Q币	在校吃零食卡	1. 只能带水果、饮料、饼干，一次带一样 2. 课后在教室吃或喝，不能与他人分享 3. 30Q币可包一周，100Q币可包一个月
5Q币兑换一元钱	Q币兑换现金卡	1. 兑换现金的Q币交给老师，领取老师签字的兑换现金卡 2. 兑换现金卡找家长兑换现金（现金由孩子自由支配），家长签字 3. 兑换现金卡交还给老师

续表

价　格	商　品	说　明
家庭商定所需 Q 币	Q 币兑换礼品卡	找家长兑换礼品卡上的礼品，礼品可以是物质的、可以是精神的

管建刚　周老师告诉我们，好方案不是一蹴而就的，而是不断总结、不断优化。张晓玲老师的"Q 币刮刮乐"也很有意思。

张晓玲　网上购买"刮刮乐"，奖品由老师填写。"刮刮乐"分两种价格：一种 5Q 币，一种 10Q 币。学生根据自己的经济状况决定购买哪一种。连 5Q 币都没有的"穷人"，可以"赊账"一次，10 天内归还，免息；10 天后，每天 10% 的利息。

"现在公布 5Q 币和 10Q 币抽奖的奖品。"我把手中的"刮刮乐"卡片晃了晃。孩子们的魂都被吸引过来了，恨不得马上抽、马上刮。那渴望的小眼神，我不忍再拖一秒："5Q 币的奖品有秋梨膏一支、秋梨膏两支、薯片一包、圆珠笔、磁贴书签还有现金 4Q 币……"

大家连说这不是亏了。"抽奖嘛，肯定有大奖、有小奖，得看你运气。"孩子们点头表示同意。"现金 6Q 币、现金 10Q 币！"孩子们的眼睛亮了，有的孩子忍不住叫了出来："今天有得赚了。"

"10Q 币的奖品有现金 8Q 币、现金 10Q 币、薯片两包、秋梨膏三支、圆珠笔三支、免写一次素材、和张老师掰手腕……"全班沸腾了，都在猜谁能跟张老师掰手腕。

我负责 5Q 币抽奖，小助手张芯怡负责 10Q 币抽奖。孩子们一个个排好队按顺序上台，兑换好"刮刮乐"，兴奋地回到座位上，看看能不能刮到自己想要的奖品。

有的孩子快速拿出尺子，迫不及待地刮了起来；有的弯下腰，小心翼翼地，一手压着卡片，一手轻轻刮着，边刮边瞄，那样子就像快要中了百万大奖；有的孩子目不转睛地盯着中奖券，嘴中还念念有词，生怕大奖飞了……整个教室仿佛炒股大厅，热闹非凡！

"哇，10Q币！"

"运气也太好了吧！"

"唉，4Q币。"

"三支秋梨膏，赚了。"

一个个交头接耳，兴奋地互报信息。有人欢喜有人愁，有人羡慕有人忧。

一群人围着，大声叫着，谁又中了大奖？我顺着声音看过去。"老师，又有人中了20Q币了，我咋没有这好运呢！"

"老师，还可以再来一次吗？"

"是啊，我也想再来一次。"

……

渐渐的，教室里安静了下来。孩子们拿着"刮刮乐"卡片，有序排队兑换奖品。

"好玩吗？"

"好玩！"

"下周准时继续，你们好好赚Q币！"

"收到！"

兑完奖品，大家又交流起各自的战利品，欢乐充满整个教室。

比学习兴趣更现实的、更靠谱的是学习动力！

第3节　Q币创意兑换

管建刚

一次创意兑换能激发学生一两个月的学习热情——

张　怡

我提出每人出 10Q 币，老师带全班操场玩一节课。大家兴奋地欢呼起来。一位男生激动到不敢相信，反复问这是真的吗。

很快，每人 10Q 币送到了我的手上。

"哪些同学会打羽毛球？"

带着疑惑的神情，有人犹犹豫豫地举起了手。

"明天可以带羽毛球拍来，我和你们比一比！"

教室里再次沸腾了起来："老师，你也会打羽毛球啊！""我在家一直和我妈妈一起打的。""老师，我要和你打！"

第二天下午阳光明媚，我们来到了操场。

有的三五成群聊起了天，有的转起了呼啦圈，有的踢起了足球。小严拿着羽毛球拍在我身边转悠，昨天他第一个说要和老师打羽毛球。小严还是个新手，每次发球不是歪了就是近了，发了几次他不好意思地说："张老师，还是你来发球吧！"于是，每次都是他捡球，把球扔给我发球。

小严身后排起了长队，小贾、小郭、小顾、小万，平常不善言辞的小吴、小徐也出现在队伍中。小徐沉默寡言，平常在家喜欢打游戏，打起羽毛球劲道十足，他发的球又高又远，消耗了我不少体力，我笑道："你真人不露相啊！"

小万，平时很孤僻，几乎不跟人玩。轮到他，他谦虚地说："我水平不行,才练了几天。"为了"今天",小万可是做了准备的。"张老师水平也一般,和你打正好。"他默默地笑了,我们打得很默契,连着好几个来回都没断。

小吴,以前能说会道,成绩也不错,爸妈离婚后越来越沉默,回家作业经常偷工减料,发的第一个球让我大开眼界,又高又远,丝毫不输男生,接起球来,弹跳力也好。"女中豪杰啊!你的体育肯定非常好!"旁边的男生应和道:"是啊!她跑步跑得非常快!"

我和学生打了一节课的羽毛球。

没过几天,小顾、小严、小徐、小万、小吴等人都给了我惊喜。

小顾的字,以前龙飞凤舞,经常重写,这次的默写,竟如此工整,我差点都认不出来了。小严和小万,以前上课都是离线状态,现在坐得端正,眼睛里有光了。经常驼着背坐的小吴,现在挺得比任何人都直。小徐和小吴以前默写错误率极高,但这一单元默写的46个词语,小徐错了3个,小吴错了6个。

跟老师打一次羽毛球,对小徐、小万、小吴来说,意义如此非凡。平常,他们获得的"批评"要多于"赞美",师生关系是"僵硬""生疏"的。打羽毛球拉近了我们的距离,他们收获了赞美与欢声笑语。

10Q币,一堂别开生面的活动课,一次排着长队的师生羽毛球赛,我明白了"铁手套"和"温暖的手"是不矛盾的,是相辅相成的。

管建刚　**创意兑奖里有感情,有温暖,有教育,有团结,有奋发——**

樊小园

"整班观影券",我最得意的一张消费券。

这是一张团购券。整班观影券的购买金额为550Q币,要求每人至少付10Q币。45名学生,每人10Q币,还差100Q币由"有钱人"赞助。我对学生们说,社会上的大富翁都以做慈善为荣。龚玺第一个站起来说她赞助50Q币,张峻宇赞助了另外的50Q币,速度之快令其他"富翁"都没了表态的机会。这张券能不能团成功,关键在后进生身上。Q币有赚有罚,缺交一次作业扣5Q币。作业拖欠严重的学生月收入常出现赤字。课代表王顺贤最先意识到这一点:"樊老师,卞耀凯、李晓波、马诗雨的Q币,我替他们付。"我一口回绝了他的好意,意味深长道:"这是一张团结之券,不能有人不劳而获。希望你们在毕业之前团购成功,给自己留下一个美好的回忆。"

卞耀凯的回家作业经常一片空白,每月Q币扣的远超挣的。推出整班观影券后,他每天下午跑到办公室问:"樊老师,语文回家作业是什么?我想在下午的数学课上做完了回家。"他的数学只能得个位数,数学老师回天无力之余说,让他多学点语文吧。马诗雨有阅读障碍,不会订正加订正不完,欠作业成了家常便饭。3月27日,也就是我推出整班观影券的日子,她产生了一个强烈的愿望——剩下的五天时间里,把作文素材本写完。当得知她还有30页没写,班里没人相信她能完成,包括我。没想到三月的最后一天,她完成了,赢得了100Q币的奖励。这个奖励过去的获得者都是学霸。每日绞尽脑汁疯狂写一千多字,马诗雨的作文水平有了提升。习作《一周写完30页》,感动了所有的同学。为减轻后进生的心理负担,我给他们开通了一条挣Q币的特殊通道——主动完成一张单元基础练习纸,奖励一定的Q币。后进生作文差,阅读差,基础也差。每到期末复习,后进生基础知识的正确率让老师崩溃。为了挣Q币买观影券,李晓波疯狂刷"基础练习"。他的词语听写、古诗默写的正确率从垫底进步到中上水平。上学年的语文毕业卷,晓波得了良好,看拼音写词语、根据课文内容填空破天荒全对了。惊呆了我和同学，也惊呆了他自己。因为接班的时候他的语文只有十几分。

　　整班观影券在五月份正式售卖，学生团购成功已是期末了。期末测试前的一天，吃完午饭，拉上窗帘，聚拢桌椅，一起看电影。前一天晚上，我把筛选出的两部影片《海蒂和爷爷》《放牛班的春天》，又看了一遍，确认适合学生观看才推荐给他们。大家投票决定看《放牛班的春天》。两个多小时里，全班静静地观看，每个人都非常珍惜这难得的放松，也珍视团结一致获得的观影权。隔壁班都在刷题，学生们感激地说："谢谢樊老师，这次观影比刷两张语文期末复习卷有意义得多。"许诗茵在毕业赠言里写："还记得那次整班观影吗？当时距离毕业考试只剩两天了。您能在这紧要关头让我们看电影，这是其他老师办不到的。那是我们第一次体验靠团结换来的观影，也一定会成为我们今后津津乐道的一件事。谢谢您，教会了我们很多语文书本以外的知识。"

　　"极品拍卖会"是我最无奈、最欣慰的消费活动。我们班的班级作文周报寒暑假不停刊，寒假我要求学生每周依旧写一篇稿件向班级作文周报投稿，但"每日素材"可写可不写。休业式上，张峻宇问："樊老师，寒假写完一本素材本，你奖励我们多少Q币？""500Q币。"一个声音抢在我面前，得到了全班的热烈响应。我头脑一热，说："好，就500Q币！"学生此刻很激动，到了寒假一玩起来谁还记得写素材？出乎意料，五个学生写完了一本，吴言希居然写完两本。这么多"钱"，这得买多少奖品来兑换啊？苦恼许久，决定让"有钱人"跟"有钱人"斗。

　　我把举办拍卖会的决定告诉学生，他们很兴奋。看了起拍价，又很失望，太贵了！我笑着跟他们解释：拍卖会本就是有钱人参与的事，没有钱只能看热闹。热闹也不能白看。为了让每个学生参与到拍卖会中来，我请每一小组领一件拍品，写拍品介绍词。人人都写，组长选出最好的一份，组内修改定稿。每组再推荐一个朗读者，拍卖会这天，朗诵拍品介绍词。八件拍品，最吸引人的是四年级时拍的一张班级合影。照片中，每个学生拿着一张班级作文周报，笑得阳光灿烂。这张照片是"周报讲评课"课件的封面插图，三年里每周跟学生们见一次面，是我们班的代表照。照片的背面请每个学生签名，再放入一个透明的玻璃相框中。张智鹏说：这是一件最有价值，最值得拥有的纪念品。吴言希放出豪言，他将所有 Q 币压在这一件拍品上。

为了让拍卖会像模像样，我网购了一套拍卖槌，聘请石寅熙同学当拍卖师。我对他说，拍卖师怎么做，樊老师也不太清楚，你自己找点视频看看。拍卖会那天，拍卖师特别给力，会调节气氛，会吊人胃口，拍卖槌敲得很有水平。成交的第三锤，故意放缓节奏，慢慢往下敲，落槌铿锵有力。落槌后，迅速放下拍卖槌，带头鼓掌："恭喜刘凯同学，赢得第三件拍品，樊老师的新书《教师写作与教育奇效》。"最有意思的是，拍卖会那天吴言希发烧请病假了。他把自己所有的 Q 币交给了好朋友亓航，叮嘱亓航一定要拍下第五件拍品——签名集体照。没想到，亓航意志不坚定，他不确定另一个"富翁"张峻宇的 Q 币有多少，担心最后竹篮打水一场空，到第四件拍品，亓航坐不住出手了，也就失去了最后一件拍品的竞争力。这张珍贵的合影被张峻宇拍到了。同学们羡慕得不得了，问我能不能把照片的电子稿发给他们，他们自己去印。我笑道："不可以。张峻宇要揍我的，这是他倾家荡产才获得的。"这张合影，后来我又去印了一张，请全班签名，装在相框里，摆在我的办公桌上，一抬头就能看到。再忙再累，看了内心都会幸福温暖。

管建刚　　**拼多多，大家都知道；"拼 QQ"，胡老师的独创——**

胡梦姣

小L兴致勃勃来办公室找我："老师，只要攒够一顿KFC的Q币，我就可以兑换KFC？"

不同的Q币数额对应相应的奖励，在我们班实施一段时间了。小L跟我说要兑换KFC，不对劲，前几天他刚狠狠消费了一把，根本拿不出兑换KFC的Q币来。

"一部分是我的，一部分是其他同学凑的。"凑？怎么凑的？"我向小Z、小Q一人借了20Q币，答应换好后，三个人一起吃。"小L心虚地低下了头。

来到教室，我强调了Q币要靠自己脚踏实地努力挣。但我知道，小L的小心思肯定不只他有，像"KFC套餐"只有几个学霸才有机会，可谁不眼馋老师的KFC呢？为此，我提出了新的Q币补充条例——

（1）Q币兑换单上的高级奖品开启三人拼单模式。如，KFC需要60Q币，如果三人组合拼单，每人20Q币就可以组合购买一份KFC。

（2）"拼QQ"使用规则：要想拼单成功，这一组合必须每人用一张"拼单券"。每单元结束后的综合默写测试全对者，得一张"拼单券"。

"拼多多"的班级版"拼QQ"诞生了！

以前，花60Q币一次性兑换KFC的学生寥寥无几，"拼QQ"后，学生打了鸡血般挣"拼单券"，默写全对的学生越来越多。以前，一学期只要支出两笔KFC，现在一个月就有两个拼团成功，望着日渐消瘦的钱包，我陷入了沉思。不能让他们的目光一直放在KFC。什么产品可以打败学生梦寐以求的KFC大餐呢？

有了！

暑假作业全免券！

我打响广告，隆重推出"语文暑假作业全免券"，价值90Q币，同样开启三人拼单模式。产品一出，全班哗然！大家都兴致勃勃地要为美好的暑期生活奋斗。

整整两周没人来找我兑换 KFC。

一个课间，我问了只差 5Q 币一直想兑换 KFC 的小 T："最近你应该攒够了 20Q 币，怎么不找人拼单 KFC？"小 Q 抓抓脑袋说："我准备再攒一攒，兑换暑假作业全免券。"

期末，小 L、小 T 的三人组找我拼单兑换"语文暑假作业全免券"，看着他们脸上幸福满满的笑容，我也笑开了花。

第 4 节　Q 币兑奖原则

管建刚

杨华飞老师的五条 Q 币兑奖原则，每一条都切中现实关键——

杨华飞

1. 有优必奖。

读书坐姿标准，奖；读书声音洪亮，奖；写字姿势规范，奖；书写工整，奖；答题细心，奖；答题速度快，奖；认真检查，奖；听写全对，奖；自觉早读，奖；积极读课外书，奖；提前背诵，奖；佳作，奖。习课堂 Q 币还用到了班级管理工作：认真做值日，奖；黑板擦得干净，奖；讲台收拾整洁，奖；积极参加活动，奖；参加活动成绩优秀，奖；为同学、为班级服务，奖……于是班级志愿者多了，报名参加活动的多了。"有优必奖"，孩子们的劲头足了，我工作中遇到的麻烦少了，笑脸多了。

2. 兼顾全体。

优等生任务单全对，奖 1 个印章（相当于 1Q 币）；中等生任务单错了一两个，也奖1个印章；学困生做对一大题，奖1个印章。读书、默写也一样。背诵《古诗三首》，优等生三首一起背流利，才有奖；中等生两首一起背流利，可以奖；学困生一次背流利一首，就有奖。不同水平的孩子都得到认可，都有动力。

3. 有错必扣。

根据书写不工整、不规范的程度，扣2—5Q币。被扣的孩子低垂着头，很不舍。我或间隔或连续地实施"扣Q币"行动，倒逼孩子养成认真书写的习惯。去教室巡查眼保健操情况，"两操管理员"不仅没维持做操秩序，还跟第一排的小黄说着什么。我马上扣了他4Q币。到那周的Q币换特权的时间，管理员因Q币不够，懊恼不已。只有奖励的教育是不完整的，适度惩罚也能帮孩子形成良好的行为习惯。

4. 延迟处罚。

忘带学习用品是不少孩子的通病。我采用"一公布，二等待，三实施"的方法。忘带学习用品，就得接受扣激励印章的惩罚。公布后的第一周，属于"等待期"，包容忘带东西的学生，不扣印章，只是口头警告和提醒。一周后，进入"实施期"，凡忘带学习用品的，扣2个激励印章。延时处罚，一是孩子需要接受规则的过渡期，二是过渡期能制造可接受的舆论氛围，三是给孩子牢记教训的机会。

5. 仪式加持。

每周五的最后一节课，我们以小组为单位，集体统计印章、发放Q币。每次都由我公布并发放每位学生的Q币数量。听到有同学5Q币，有同学8Q币，有同学10Q币，他们内心五味杂陈。我们还评出各小组的周冠军、月冠军、学期冠军、年度总冠军，以及全班的周冠军、月冠军、学期冠军、年度总冠军。冠军名单张贴在班级公示栏里。冠军在公示栏前拍照，照片发到班级群里。各冠军还会获得不同数量的 Q 币奖励。

比起以往的河东狮吼，借助印章和 Q 币进行奖惩，老师管得轻松，学生学得有劲，真的。

管建刚

习课堂 Q 币的使用，钟少秀老师总结了七条原则——

钟少秀

1. 兑奖时间：从及时到延迟。

初始阶段奖励要及时。学生上课专注听讲、大声朗读、主动背诵奖励题、读写姿势规范等，及时发放 Q 币，只要攒够相应 Q 币就及时兑换奖品，5Q 币兑换一个橡皮擦，10Q 币兑换一支铅笔，15Q 币兑换一个棒棒糖，10Q 币可以抽奖一次。一段时间后，兑奖周期改成一个月、两个月、半学期。这样做，学生会为了遇见更好的自己而努力，而不是为了 Q 币、为了奖品。

2. 奖品设置：从单一到多元。

低年级奖品可以相对单一，如文具、图书、健康小零食。往后，奖品可分为平价商品、高级奢侈奖品。平价商品即物质奖励类，如学生喜欢吃的用的，高级奢侈奖品即精神奖励类，包括各种券，如合影、与老师共进午餐、老师为照片签名、班级电脑桌面人物、换座位、电话表扬、班报发表作文、免作业、免惩戒，还有集体放风筝、滑草、观影等。

3. 奖品兑换：从集中到分散。

Q 币兑换奖品有"集中兑换"和"分散兑换"两种。集中兑换奖品，一般是班会或午会课。商品分类摆放，价格标牌从低到高，和对应商品依次摆放，两名学生分别当销售员和收银员。积分最高的小组优先上台购物，每个小组购买时间为 4 分钟。分散兑换奖品，"班级超市"兑换或抽奖，可以跟学生约定课间、午间等时间，根据兑奖学生数量，确定小组或学号轮流兑换，如一天兑换 2 个小组，8 个小组 4 天兑换结束，1 天 10 号，5 天兑换结束，也可以让符合条件的学生零散兑换奖品，灵活把握。

4. 兑换方式：从个体到团购。

为强化集体规则意识，培养团结协作精神，"群体团购"应运而生。一套学具，单买价格贵，买一套打 8 折，学生可以联合购买，几个同学合伙凑齐 Q 币购买，节约了钱比赚了钱更开心。"群体团购"的内容还有集体室内观影、春天去学校草坪放风筝、夏天去时光长廊吹泡泡、秋天去银杏园捡落叶、冬天去体育馆斜坡打滚，要求每人支付 5—10Q 币。如小组有"穷人"，特殊情况可以"贷款"。

5. 使用范围：从封闭到开放。

初期，Q 币印上班级 LOGO 或盖上班级印章，仅限班内语文科用。随着 Q 币激励机制逐步健全，Q 币的使用范围可以从封闭走向开放。Q 币与数学、英语等其他学科的评价可以互兑互换，只要保持合理汇率。比如，我们茉莉班 1Q 币＝数学 3 角生生币，1Q 币＝英语 1 美分。

6. 使用规则：从宽松到严格。

（1）有损毁不能使用。Q 币要妥善保管，不能遗失损毁，如遗失须及时报案，责任自行承担。（2）诚信交易，概不赊账。成交后概不退换，不能转让。每次使用前，志愿者根据班级各项常规记录表，逐一核实有无失信人员。（3）上学期 Q 币不能本学期消费。没有资格购物的学生均不得靠近购物区。（4）文明使用 Q 币。一次义卖活动，小青和小万同时看上一个商品，没有达成约定，吵起架来，取消活动资格，到冷静区冷静。

第 5 节　Q 币操作案例

管建刚

看一个完整的 Q 币操作案例，顾老师的"水浒英雄卡＋Q 币"激励系统——

顾孙煜

1. Q 币奖励机制。

学期初，最幸福的莫过于拿到习课堂工具箱里的一叠厚厚的 Q 币。为了防止不同班级学生私下交易 Q 币。我做的第一件事——敲章，每一张 Q 币的背后敲上我的姓名章。

学生如何获得 Q 币呢？

（1）习课堂上获得盖章，每 2 个章可到小组长那去登记兑换 1Q 币；

（2）每月月底结算"工资"，班干部获 2Q 币，其他同学获 1Q 币；

（3）结合班级作文周报，每次发表一篇作文可获 1Q 币；

（4）每周班级常规评比满分，每人获 1Q 币；

（5）各类比赛获奖，按照奖项可获 1Q 币、2Q 币、5Q 币甚至 10Q 币不等；

（6）各类班级活动、各种幸运大抽奖等，均可获得面值不等的 Q 币……

Q 币出现前，我们班也有一套班级奖励机制。所有的奖励都围绕我自制的一套水浒英雄卡设计的。梁山好汉，天罡三十六将，地煞七十二将，合计一百零八将。集齐整套水浒卡是所有学生的梦想，现在，通往梦想彼岸的钥匙正是课堂 Q 币：1Q 币可以进行一次地煞七十二将的抽卡活动，5Q 币可以进行天罡将（排名 11—36）的抽卡活动，而排名前十的天罡星则以每月限定卡的形式放送，价格 15Q 币，限量五张，先到先得。学生集齐不同难度的卡后，可以兑换诸如"换同桌体验卡""20Q 币""三好学生预订卡""单元练习重做卡"等惊掉下巴的奖励，下文我再具体阐述。

我还单独设置了一张让全体学生疯狂的卡——免死金牌。顾名思义，此卡可以免除一次惩罚——可以免作业、免做值日、免请家长、免老师批评。每月低价放送二十张，每张只需 5Q 币，每人每学期限购三张。作业经常拖拉的是后进生，犯错被找家长的是后进生，被老师批评多多的还是后进生，如此低价主要考虑到后进生，每个后进生都能够通过自己的努力，实实在在赚取这点 Q 币。前不久，我惊讶地发现，后进生养成了囤"免死金牌"的习惯。

2. Q 币与水浒卡。

1Q 币抽取地煞七十二将之一。

奖品：水浒英雄卡（排名 037—108），随机抽。

这条规则得到了全班学生的大力支持。无论谁，获得 1Q 币那是轻而易举的事。孩子们总爱拿着手中刚刚挣来的 Q 币，争着抢着到我这儿抽卡。电脑上随机滚动英雄名称，孩子们敲击回车键来决定抽到了哪位英雄好汉。新颖的抽卡方式，新奇的物质奖品，每个孩子乐在其中。

5Q 币抽取天罡三十六将之一。

奖品：水浒英雄卡（排名 011—036），随机抽。

条件与抽地煞卡相同，变化的是价格。刚公布时无人问津。一个月后，孩子们手头积攒的 Q 币越来越多，天罡抽卡成为了孩子们的香饽饽，而抽到一张天罡卡，总能成为他们炫耀大半天的资本。

学生手边的卡越来越多，随机抽到重复卡的概率增加。如此，学生的集卡激情绝对会大降。为此我又设计以下三条机制。

第一条：两张重复卡，1Q币反向回购。

价格：两张重复卡。

奖品：1Q币。

禁止学生之间私下交换卡片，一经发现全部没收！各种新颖东西，但凡学生之间私下流通，各种纠纷无可避免，更有甚者出现一系列金钱交易。铁律之下，孩子们打消了私下换卡的念头。而这条机制的推出，正中孩子们的下怀。拿上学期来说，口口声声喊着"顾老师奸商"的小张同学，好几次拿着重复卡来我这以2换1的形式，重新换取Q币抽卡……

也有学生愿做一只快乐的囤囤鼠，不愿用低价把重复卡卖给我这"奸商"，他们的集卡激情如何维系？请看——

第二条：五张相同重复卡，换取天罡三十六将之一。

价格：五张相同重复卡。

奖品：水浒英雄卡（排名011—036），指定其一。

有那么几只快乐的"囤囤鼠"，手中有不少的重复卡和Q币，甚至引起我们班的金融危机。我不得已出此下策。好不容易攒到的5Q币抽到重复卡怎么办？那就囤相同的重复卡；如何囤到一定数量的重复卡？那就不断抽1Q币一次的地煞卡；如何不断抽地煞卡？那就多多获得Q币……环环相扣，首尾相接。正是这一条，囤卡王小曾拿出了八套大于五张的相同重复卡。

至于天罡星如何获得、"囤囤鼠"手中的Q币如何周转出？请看——

第三条：每月推出限定卡。

价格：15Q币。

奖品：水浒英雄卡（排名001—010），每月五张，卖完即止。

每月初随机抽取前十中的某一序号，如004。那么本月的限定卡就是004"入云龙·公孙胜"。数量五张，卖完即止。凡购买限定卡的同学，都会被我用手机拍下一张手持限定卡的照片。本月限定卡售罄后，我会用剪辑软件制作一个关于本月限定卡所有收藏者的微视频，上传到班级群、公众号。于是，每月限定卡总是那么畅销，供不应求。

3. 集卡与奖励。

集水浒卡如果没有任何实质性的奖励，孩子们的集卡动力会大打折扣，最终可能导致整套奖励系统的土崩瓦解。如果集齐 108 张卡才有奖励，大部分学生定会望而生畏，从而打退堂鼓。为此，我设计了以下阶段性奖励。

（1）集齐"梁山步军十七将校"（共十七人）。

奖励：20Q 币。

难度系数：1 星。

它的获得途径十分简单——"按要求完成每日素材，每周可定向选择其中一张卡"。换句话说，只要每天完成老师布置的作业，一个学期就能集齐本套卡，并获得 20Q 币的奖励。这也算是督促学生及时完成作业的后手吧。

（2）集齐"梁山监造头领"（共十六人）。

奖励：10Q 币。

难度系数：2 星。

学生可以通过"任务单连续五次获得优秀"定向选择其中一张卡。这也能督促学生作业专心。至今为止，已有二十几个孩子集齐，最多的一位集齐了三套！

（3）集齐"梁山钱粮监管头领"（共十人）。

奖励：周报优先发表权五次。

难度系数：2 星。

学生可以通过"任务单当堂听写连续五次全对"定向选择其中一张卡。15Q 币才能买到的限定卡"小旋风·柴进"，连续听写五次全对就能获得。于是，任务二的抄写词语，必然铆足了劲儿，边抄边记。

（4）集齐"梁山远探出哨十六将"（共十六人）。

奖励：换同桌一周体验卡。

难度系数：3星。

一学期内，学生在《班级作文周报》上发表作文八次，也可以得到一张换同桌体验卡。那到时候想跟谁坐就和谁坐，这么诱人的奖励无形中推动着我们班《班级作文周报》的不断成长，孩子们的写作水平在潜移默化中不断进步。

（5）集齐"梁山军机处五将领"（共五人）。

奖励：50Q币。

难度系数：3星。

50Q币意味着三张每月限定卡，十张免死金牌。集齐这套卡，那岂不走上了人生巅峰！这套卡还有另外一个获取途径——累计登上周报五次即可定向选择其中一张。目前这套卡已经有十人集齐。

（6）集齐"梁山中军马军少将、步军少将"（共八人）。

奖励：神秘大奖。

难度系数：4星。

集齐这套卡能得到什么奖励？只有集齐的学生才知道。如此神秘的奖励如何获得呢？一个字——抽！这也是颁布奖励机制后最受孩子们欢迎的一项。因为神秘，所以热衷。

（7）集齐"梁山水军八将领"（共八人）。

奖励：两周班干部体验卡。

难度系数：4星。

5Q币一次的天罡抽卡，并非人人都有经济实力；再说，抽了也未必能中。为此另有一条"捷径"——单元素养检测85分以上，可选取其一。每多5分，多选取一张，即90分选两张，95分选三张……几次单元素养检测下来，当班长不是梦！班长为了稳固地位，也必须加油加油再加油。

（8）集齐"梁山步军十虎将"（共十人）。

奖励：单元练习加3分。

难度系数：4星。

单元练习加 3 分，什么概念？59 变 62，84 变 87，再也不会为少 1 分而懊恼不已了。3 分也可以分 3 次使用。习课堂上激励章如果不兑换 Q 币，每 20 个章可定向选择其中一张卡。于是，课堂纪律更好了，读书更卖力了，作业更专心了，字迹更工整了。

（9）集齐"梁山马军八骠骑兼先锋使"（共八人）。

奖励：期末评优加 2 分。

难度系数：4 星。

我们班的期末评先最终都量化为数值，往往各类荣誉与你就差那么一分两分。于是，这套卡成为我们班但凡能冲一冲各项荣誉的学生一定要集齐的卡组之一，用老杨同学的话说："不仅要集齐，而且要每学期至少集齐一套！"《班级作文周报》上连续发表作文五次，也可定向选择其中一张。这有难度，但为了期末的荣誉拼一拼也未尝不可。你追我赶中，无形提高了学生作文的质量。

（10）集齐"梁山马军五虎大将"（共五人）。

奖励：三好学生候选卡。

难度系数：5 星。

唯一一套全是限定卡组成的卡组！只要集齐它，"三好学生"就在前方等着你。考虑到难度系数，我开通了另一条集卡通道——单元素养检测班级第一或满 95 分者可任选其一。于是，每次单元素养检测都会有黑马杀出重围，斩获桂冠。有效激励之下，学生学习潜能可以无限激发。

（11）集齐"梁山总兵·机密军事"（共五人）。

奖励：以上奖项任选三样。

难度系数：5 星。

只有每月挤破脑袋去抢前五个购买限定卡的名额，再拼了命地进行 1Q 币抽奖才可能集齐。其难度系数可能超越五星！"任选三样"，什么概念？三好生！神秘大奖！单元加分……一应俱全！上学期小曾集齐了这套卡组。作为吃货，她竟要了三份"神秘大奖"，全班 41 双眼睛下独享豪华大餐！

诸位读者一口气读下来会觉得有点繁琐，那是我三年的经验集中在 3000 字里。分散到三年里做，一点也不繁！

第四部分

习课堂规矩

第 1 节　教师的规矩

管建刚

学高为师，身正为范。"身正"就是有规矩、守规矩。然而，相当多的人错把"守规矩"看成是"不自由"，错把"没规没矩"看成是"自由"。

唐莉婷

管老师的讲座《立规矩就是立德树人》里谈到一个观点："没规没矩就是没教养，有规有矩就是有教养。"不少年轻老师跟我一样，以为规矩就是机械，规矩意味着死水一潭。我也曾抱怨过学校的要求不人性，上课要统一坐齐，作业要统一格式，吃饭不讲话，放学要排队……各种规矩烦不胜烦，巴不得带着学生一起破坏规矩。学生呢，觉得我跟他们是一伙的，对我没大没小。我自以为尽心尽力，效果却相当差。学生自由散漫，常规一塌糊涂，嘴上说喜欢唐老师要听唐老师的话，行动毫无。直到一位前辈委婉地提醒我"你们班的规矩要好好立一立了"，我才意识到，无标准、无规矩的状态太久，还美其名曰"还学生自由"，不，这不是自由，这是放纵！

　　人生的三重境界：看山是山，看水是水；看山不是山，看水不是水；看山仍是山，看水仍是水。原来，百分之九十九点九九的普通人一直在"看山是山，看水是水"里，偶尔往"看山不是山，看水不是水"里走一步，又退回来。至于第三重的人，用"凤毛麟角"还不足以显出其珍稀。管老师的讲座中谈到了人生的另三重境界：无规矩、无标准，有规矩、有标准，超越规矩、超越标准。"超越规矩、超越标准"不是不需要规矩、不需要标准，而是规矩和标准已经内化到骨髓里、血液里，这就是孔子讲的"七十而从心所欲，不逾矩"。这里的关键词原来不是"从心所欲"，而是"不逾矩"。所以，百分之九十九点九九的普通人要修炼的是做人做事"有规矩、有标准"。我们年轻老师常急于跳出规则、挣脱标准，认为规矩是束缚，强调追求自由。其实，这样想的人还停留在第一层的"无规矩、无标准"，而不是自由。你看"自由"这两个汉字，都是由条条框框组成的，自由本身就在秩序之中，不存在秩序之外的自由，能够跟秩序也就是规矩和标准融为一体，才叫自由。

　　早上一到校，拿出任务单读错题，读完看课外书；课前准备，任务单、语文书叠放在左上角，任务单在下、语文书在上；新课那一页夹好书签，笔和尺子放一旁；读书时手怎么拿书，作业什么时候收、什么时候发、什么时候订正……听到我说"规矩"，很多孩子第一反应是讨厌，那不是他们超越规矩、超越标准了，而是"没规矩、没标准"惯了。建立在规则、规矩之上的"自由、个性"，才是真正的"自由"和"个性"，不然，"自由"就是"自私"，"个性"就是"惰性"。"规矩"和"标准"日复一日地训练和遵循，下意识都会自然而然地做好，这就是真正的自由。这段时间要多久？也许需要一辈子。因为伟大的孔子也是到了七十岁才"从心所欲，不逾矩"。

　　现在，搭班的老师夸我们学生有规有矩，每次上课都舒心。我听了很开心，但心里清楚，离"人人有规矩""时时有规矩"还有不小的差距。只有每个学生都自觉、自发地遵循规矩，且家校一致，那才是真正的有规有矩。所谓的"超越标准、超越规矩"，目前我想都不敢想。

管建刚

规矩就是教养。立规矩就是立人。老师的字不好，不可能教出字好的学生；学生的字好那大概率不是老师的功劳。老师的作文不好，不可能教出写好作文的学生；学生的作文好那大概率不是老师的功劳。没有规矩的教师，教不出有规矩的学生；学生有规有矩有教养，那大概率也不是老师的功劳。

张 怡

以前我做事比较随意，现在我意识到了"规矩"的重要性。规矩就是标准，规矩就是内化的行为。作为老师，我给自己立下了这些规矩——

1. 备课的规矩。

以前的我，备课时在网上随便找个教案，抄在备课本上，从老教师那里要来一套PPT，上课前浏览一下。课文，别说出声朗读，能默读两遍已经不错了，说来惭愧，不少的课与其说是在教学生，不如说是在跟学生一起学。

现在的我，每次上课前都会出声读课文两三遍，第一遍我会记自己用了多少时间读完，以便在自由读环节设置出一个较为合理的时间，确保课堂时间的合理分配。比如我读这篇课文2分50秒，那自由读就给学生3分30秒。第二、第三遍的读，要把课文读正确、读流利，只有教师读正确、读流利了，才能指导学生读正确、读流利。正确、流利的读是基础中的基础，也是最容易被忽略的。我也是在管老师的讲座中知道，原来"读正确、读流利"就是"8不"——"不多字、不漏字、不错字、不磕绊、不回读、不卡顿、不读破、不拖调",自己试了才知道,做到"8不"多么不简单!现在每次上课前,我会修改习课堂配套的课件,熟悉课件内容。习课堂的课件是一个大概框架,具体怎么读才更有效,需要根据任务单,尤其是根据学生的实际情况进行必要的修改。最后我会合上语文书,工工整整地答学生任务单,记录所用的时间,圈出自己也觉得有难度的题目,课上适当强调和点拨。

2. 课前准备的规矩。

课前,我要求学生提前准备好语文书、任务单,磁性书签夹在上课的页码,放在左上角,语文书在上面,任务单在下面。黑笔放凹槽,这节课做任务单要用的尺子,放在黑笔的下方,不用则不准备。课前没有准备好的,都只能在课上准备,浪费的都是课堂时间。

以前我基本上踏着铃声才进教室,现在我会提前五分钟来到教室,调试好课件,看看插入 PPT 的闹钟有无问题;组织小组长检查大家是否做好了课前准备;奖励章的盖子拔掉,和翻页笔一起放在讲台的左上角,既避免了敲章时忘记拿掉盖子的尴尬,也避免了铃声响急急忙忙从抽屉里拿章、拿翻页笔的慌乱,还节约了课堂时间。以前一进教室就准备上课了,上课前是什么情绪,上课时也是什么情绪。现在每次上课前,我都会调整好自己的状态,抛开负面情绪,用最饱满的精神状态喊出"上课"两个字,情绪是能够相互感染的,我是什么样的状态,学生就是什么样的状态。

3. 批作业的规矩。

以前,批作业就是对着答案,打几个"√",打几个"×"。现在我批任务单,边批边留意哪几题错误率较高,在我的任务单上做好标记,是没认真审题还是答题方法的欠缺,还是知识储备量不够……讲评时从错误原因着手。我还留意学生的答题习惯,讲评时一一表扬。

以前,这节课批不完就延到下节课,今天批不好就延到明天。现在我做到了当天作业、当天批改、当天讲评，我们经常跟学生说当日事当日毕，自己先应该做到啊。语文课一般都在上午的第一节、第二节。一上完课，组长以最快的速度将任务单收齐交、搬到我的办公室，做到"任务单比我先到办公室"，这样我就可以利用第二节课的课间、第三节课批阅，中午就可以讲评任务单。批任务单的时间固定了，有所限制了，我也越来越专注了。以前会边批边聊天，批累了还刷会儿手机调节调节，现在批任务单，手机完全不碰，一聊天、一玩手机，任务单就不能做到及时批。

4. 讲评作业的规矩。

以前讲评作业就是讲讲讲，很枯燥，学生也不喜欢。现在讲评任务单，学生都充满期待，因为每次讲评前会表扬。"请这课获得优秀双星的同学起立""请获得优秀星的同学起立"，以此表扬正确率高的学生；"请任务单上写有'有进步'三个字的同学起立"，以此表扬有进步的学生；"请任务单上写有'漂亮'两个字的同学起立""请任务单上写有'工整'两个字的同学起立"，以此表扬书写认真的学生。

以前讲作业就是讲答案。现在我讲方法、讲联系、讲关键信息。讲解前，我会给学生两三分钟浏览错题，会订正的自己订正。学生能自己订正的，一般都是审题问题；订正不出的不是能力问题就是方法问题。比如六下《语文园地四》的"先写出下列句子的描写方式，然后说一说这些句子所体现的人物的性格特点或品质"，学生不知道什么叫"描写方式"，所以订正有困难，讲解的时候我提醒道"外貌描写"就是描写方式之一，学生一下子就知道了还有语言描写、动作描写、神态描写、心理描写。讲评要"点到为止"。

管建刚

习课堂印章是重要的课堂激励工具，不能想用就用、想不用就不用，不能想怎么用就怎么用。怎么用？

李冶

1. 拿印章有规矩。

习课堂上，老师有两件必需品，一是翻页笔，二是激励印章。课上，不能左手印章右手翻页笔，也不能一个拿手上，另一个揣兜里。习课堂上，一次只拿一样，一个放下，再拿另一个。两个手不同时各拿一样东西。一定要有一个手"空"出来，拍拍学生肩膀，摸摸学生脑袋，竖起大拇指。体态语的表现力比口头语更强大。任务一和任务三，我用翻页笔切换"读"的内容，要给学生盖章了，则快速走到讲台处，放下翻页笔拿起印章。任务二和任务四计时开始后，我立即把手里的翻页笔换成印章，巡视学生，寻找激励对象。

2. 盖章位置有规矩。

激励章不是想盖哪里就盖哪里。学生自由读，老师巡视倾听，表扬学生的朗读，我会把印章盖在语文书对应的段落或者句子的空白处，不遮盖文字。任务二、任务四学生答题，如表扬学生抄写端正美观，则在相应田字格旁盖章；如表扬学生细心读题，则在题干旁边盖章；如表扬学生保持正确的写字姿势，则在"任务二""任务四"标题左边盖章……老师盖章的位置也要有规矩。学期结束，翻开语文书和任务单，学生能看到一学期的"战绩"，每一个印章均来自老师的关注，每一个印章的背后都有学生进步的印记。

3. 盖章频率有规矩。

习课堂激励印章要覆盖 70% 以上的学生。一开始我做不到 70%，经常只给几个优等生或有示范性的学生盖章，数激励印章那天，两极分化严重，中后等生非常失落。课上要多激励，要多盖印章，给优等生盖章，给中等生盖章，更不要忘了给后进生盖章。盖印章的原则不应苛刻，也不要吝啬，要去发现每个学生跟"自己比"的进步。习课堂上，老师的脚步勤快起来，盖印章的手也要勤快起来。

4. 盖章姿势有规矩。

有的老师盖激励章的覆盖面很广，一个小组从第一个学生盖到最后一个学生，老师没有弯腰倾听，没有好好观察就给学生盖，这种"无目的"的盖章让学生摸不着头脑，不清楚自己为什么得到了表扬。我会在学生身旁停留，或弯腰，或下蹲，视线与学生相平，清楚地观察学生的行为、倾听学生的朗读。然后，对有改善、有进步的学生重重地盖上一个，再说一句简单的话。对希望有改善、有进步的学生，我会轻轻地盖上一枚印章，再说一句期待的话。

5. 批改盖章有规矩。

批改任务二，全对的，我会在"任务二"三个字的右边盖上印章。批改任务四，全对的，我会在"任务四"三字的右边盖上印章。写片段、阅读题中的主观题、有难度的题目，我也会盖激励印章，盖在这一题的序号的左边。

盖章是激励，是管理，是示范，是教育。印章小，功能大，随便不得。

管建刚　随意的激励会大大削弱激励的效能。严肃的、严谨的激励就是有分量的激励。习课堂的激励印章的确要有规矩，的确随便不得。

第 2 节　一年级立规矩

管建刚　一年级重在课堂规矩。坐没坐相，站没站相，读书没有读书相，写字没有写字相，准是个乱班！习课堂新生常规训练课程为期一周，磨刀非但不误砍柴工，还能大大提高砍柴的速度和效率。

许慧敏　一年级新生入学，我不急着上习课堂，而是进行习课堂常规训练——

第一天：学口令。

（1）读口令。先学三五个常用的口令。每个口令带读 3 遍，学生基本就能记住了。

（2）玩口令。老师大声说口令，学生大声答口令；老师小声说口令，学生小声答口令；老师快速说口令，学生快速答口令；老师慢速说口令，学生慢速答口令；老师快速拍手，学生快速答口令；老师拍手有停顿，学生有停顿答口令；老师大声说口令，学生小声答口令，等等。

（3）做口令。按照口令的意思调整自己的行为。比如老师说"小身板"，学生回"挺起来"的时候，背要挺直。

（4）赛口令。男女生比赛、师生比赛，都可以。

第一天下来，学生都很喜欢，会很期待明天。

第二天：认书本、认数字、画直线。

（1）认书本。带学生认识语文书的封面，以及封面上"语文""一年级上册"。再看目录，前面是课题，后面是页数。

（2）识数字。结合语文书第2、3页的《我是中国人》，数一数书上共有多少个民族，并把"56"板书在黑板上。现在一年级的孩子1—60的数数大都没问题。个别零基础的，课间安排小老师教一教。

（3）翻页码。老师在黑板上写上数字，学生认读后，语文书和任务单翻到那一页。练翻十次左右，请学生动脑筋，如何快速正确地翻页。老师可以打个样，比如在对应的地方折角等，学生的思路就会打开。学生们分享完后，赠送每人三枚磁性书签，语文书用一枚，任务单前后各一枚（一枚专用于夹当堂检测部分），并练习用磁性书签。

（4）画直线。老师投影一把有波浪线的尺子，告诉学生一边是画直线的，一边是画波浪线的。老师先在纸上画两个点，再用尺子找到这两个点，用左手压住尺子不能移动，用铅笔沿着尺子连接这两点画。一年级有很多连线题，非要学会画直线不可，直线要画得又快又好。

这个过程中，老师要反复使用习课堂管理口令。

第三天：学读书。

（1）指读。配合口令"语文书，拿出来"，投影语文书上《我是小学生》的内容，"左手压书，右手指字"，右手食指不远不近地指在字的下面，指到哪里眼睛就要看到哪里，一个字一个字指着过目朗读。示范后，同桌互相检查正确指读课文。

（2）多种读。老师的示范读很重要。老师读到哪儿，学生指到哪儿。这也要多次练习。习课堂的自由读是"读时间"，配合口令"时间不到，读书不停"训练。示范读、跟读、自由读、齐读，一年级新生都不知道，都要训练。

（3）读什么。蓝线里的是生字，前面一段一段的叫课文，每一篇课文都有一个题目，题目写在正中间，字号也大些。老师要投影出来，告诉学生。

这个过程中，老师要反复使用习课堂管理口令。

第四天：认识题型。

（1）认识任务单。投影让学生找到任务一、任务二、任务三和任务四，手指着读3遍，告诉学生，这是以后每节课上、每一位同学都要完成的四个任务。

（2）找题目。认识了四个任务，教学生认识"大题"和"小题"。在黑板上写上"一、二、三、四"，告诉学生这是第几大题的意思。还要找任务二的第几大题的第几小题。小题一般用数字"1、2、3"表示。要教会学生找题目，老师读到哪一题，学生能快速找到这一题，并用手指着。

（3）学答题。零基础的学生，哪怕"看图连一连"也不知道什么意思，既耽误课堂时间，还影响上课情绪。要带领孩子认识连线题、抄写题、判断题、填序号，还要现场练一练。

这个过程中，老师要反复使用习课堂管理口令。

第五天：书写和检查。

（1）复习握笔姿势。第二课已经学了正确的握笔姿势，复习、巩固和强化练习非常有必要。

（2）认识田字格。对田字格的认识不到位，会影响到以后的书写。教一下田字格，认识几个小格子分别对应的方位，牢记：要想写好字，就要把字不大不小地写在田字格的正中间。

（3）自己检查作业。教师投影示范，左手拿起一把直尺按在任务单上，右手放在尺子上方，像指读一样，从前往后检查，检查完一行，尺子往下移一行。第一遍是检查是否漏题，第二遍检查书写是否规范，第三遍检查答案是否正确。

这个过程中，老师要反复使用习课堂管理口令。

管建刚　一年级新生不知道课堂规矩、不知道读书规矩、不知道作业规矩，所以，高年级老师回到一年级内心往往忐忑。

任秋芬　听了许慧敏老师的"一年级习课堂"，开学前两周我没有慌慌张张上新课，而是扎扎实实训练课堂常规。第一周学课堂口令，安静提示、坐姿提示、认真听课提示、课前准备提示、读书提示、握笔姿势提示、写字提示等，课堂安静有序地进行；第二周投影认识语文书、认识任务单、认识任务单里的大题和小题、学题型、学画线。这期间，孩子们常问我："老师，我们今天学习什么？怎么还不学习识字呀？"

我笑笑没有说话，心里却有点不踏实。怀着又紧张又激动的心情，终于迎来了一年级习课堂的第一课《天地人》，一节课40分钟，竟然只落下连线题没完成，比我预想的好太多太多！之后的两周，一节课居然大部分都能完成四个任务，太出乎我的意料了！第三课《口耳目》的第二课时，奖励题都带孩子们读了好几遍，还没听到下课的铃声，我都怀疑自己是不是漏读了PPT，或者漏做了题。急急忙忙翻了一遍PPT，又走到学生中间检查任务二、任务四，结果既没有漏读内容，也没有漏做题，全都完成了。我才恍然大悟，任务一、任务三的默契朗读，任务二、任务四的高效做题，归根在于前两周的新生入学课堂常规训练。

前两周的课堂常规训练，看上去费了大量时间和精力，却为后面的正式上课节省了大量宝贵的课堂时间。只要下一节是语文课，学生马上会来问我，书签夹哪一页？铅笔夹在任务单哪一页？我在黑板上写出页码，他们在课间夹好。预备铃声一响，我开始检查：书签夹好，盖一个大拇指；铅笔夹好，盖一个大拇指。一周下来，每个孩子的课前准备都很棒。不管是任务一、任务三的"读"，还是任务二、任务四的"写"，我和学生都很默契，没有出现学生跟不上、答题位置错误的情况，跟我想象中"鸡飞狗跳"的一年级完全不一样！

"磨刀不误砍柴工"，古人的话一点儿也没有错！

管建刚：习课堂团队开发了"一年级新生常规训练课程"，那课程如何落地呢？

周颖：

1. 线上学习。

暑假末，习课堂团队组织了《对谈一年级习课堂》的线上培训，许慧敏老师将怎样运用口令组织课堂，怎样认识书本、认识页码、学习翻书，怎样学习指读，怎样画直线，怎样找题目等梳理成"五天课程"。暑假还没结束，老师们各在家中，学校依然组织全体一年级语文老师参与线上培训，了解一年级新生入学要训练些什么，怎么训练，做到心中有数。

2. 线下实训。

学期初，一年级的语文老师、数学老师、学校教务处和德育处的行政人员集中起来，再次观看《对谈一年级习课堂》视频讲座。数学老师也参加，因为"翻书、找页码、找题目、画直线"等，数学课同样适用，课堂口令也可通用，并且，同一班级的任教老师的使用频率越高、越一致，学生技能习得就越牢固。从"学了"到"会了",中间一定要"习了",看了视频讲座,我们对口令、翻页码、画直线等技能进行现场操练。现在习课堂有了配套的"一年级新生常规训练课程"的电子稿和配套 PPT。我们把习课堂常规训练课程打印出来,人手一册,可以随时翻阅,培训结束后可以带走。册子上有具体的训练内容和训练方法步骤,老师们都觉得非常实用,称之为"新生训练宝典"。

3. 给足时间。

学校规定一年级开学的前十天,语文学科不上新课,训练课堂常规。翻书翻不好,页码认不好,题目找不到,口令喊不齐,课堂不流畅,效率一定低。十天时间,每个班都有十多节课来训练常规,这十天的语文回家作业就是复习课堂常规的训练内容。有了学校管理部门撑腰,老师们放下心来,专心训练课堂常规。

4. 明确考核。

我们提前告知一年级语文老师,月末要对各班进行习课堂常规考核。根据新生常规训练课程的内容,教导处设计了一年级习课堂常规考核表,所有考评内容指向学生的行为——课堂口令、指读、翻页码、画直线、找题目,都要由学生来完成。考核表清晰、明确,如"课堂口令"的考核要点:(1)能熟练对上口令;(2)口令和动作相匹配;(3)口令整齐、不拖调、有精气神。"画直线"的考核要点:(1)左手按尺,右手画线;(2)线条不斜不歪;(3)10 秒内全部画线完毕。"找题目"的考核要点:(1)说到哪一大题,指到哪一大题;(2)说到哪一小题,指到哪一小题;(3)5 秒内找到并指好。

5. 给予帮扶。

从六年级下来教一年级的章老师,说话语速偏快,自编的口令偏长,多次训练效果不佳，章老师很着急，有消极情绪。我们建议她把长口令改短，如把"谁的眼睛看黑板，我的眼睛看黑板"改为"谁看黑板，我看黑板"；把"作业不翻书，翻书不作业"改成"做作业，不翻书"。有的老师以为一节课就要训练完一天的内容，其实不然，五天的训练课程不是指"五节"，一节课训练不完，第二节课再练。新教师需要"一对一"帮扶。

第3节　中高年级补规矩

管建刚

一年级的规矩立好了，高年级的课堂规矩、读书规矩、作业规矩不会差。但这不表示高年级可以高枕无忧。年龄越长，潘多拉盒子的开口越大。习课堂的任务一和任务三都是"读"，高年级读书要有哪些规矩？

李冶

1. 读书准备有规矩。

书本摆放有规矩。语文书放置于任务单之上，两者的左上角与课桌左上角对齐。书签夹放有规矩。我在课前通过组织口令"语文书××页，书签？——夹好啦！"组织学生夹好书签。夹书签的位置也有规矩。Q币当书签用起来不方便，打开语文书，有的书签会掉落在课桌上，有的书签夹在中间挡住了文字。后来用磁性书签，规定学生夹在书的侧面。方便快捷，一秒翻书。

2. 读书姿势有规矩。

组织学生打开书本自由读课文，我喊口令"语文书"，学生边答"快打开"，边迅速打开书本，翻至相应课文。要求学生的目光聚焦在课文标题或

第一小节，而不是一打开课本就自由读或东张西望，朗读准备也应有规矩。拿书姿势有规矩。学生双手轻握书本，双臂打开，将课本稍展平。此前，学生拿书"五花八门"，现在"书本——斜斜放"的口令一出，学生倾斜地拿着书本，学生的坐姿也端正了。

3. 自由读有规矩。

自由读前读"要求"的规矩。我领读"要求"，学生接读"要求"的具体内容。自由读"读时间"的规矩。通过"时间不到，朗读不停"的口令，我组织学生根据时间自由读课文，读完一遍继续读第二遍、第三遍，直到倒计时铃声响起。大声朗读的规矩。读书音量不低于平时说话的音量，要像平时说话那样读书，不拿腔捏调。自由读开始，我只要看学生饱满的口型、胸前的起伏，以及专注的眼神。

4. 读书手势有规矩。

自由读前，我喊"准备"，学生右手臂即刻成举手状并握拳，这是自由读前的仪式感。我喊"开始"，学生立刻投入到自由读中。自由读读完一遍词语或一遍课文伸出一根手指，读完两遍伸出两根手指，自由读的遍数可视化。齐读词语，学生用手指头表示所读遍数，第一遍伸一根手指，第二遍伸两根手指。一开始有些不整齐，几次组织、管理和训练，动作整齐有精神。自由读不是随便读、不跳着读。遇到不会读的字，我要求学生伸出左手手指。当我来到他身边，他左手食指指向不认识的字，我读给他听，他跟读三遍、读所在句子一遍后，我才离开。

5. 读奖励题有规矩。

提前完成任务二和任务四的学生，剩下的时间读奖励题。我们班读奖励题的规矩有两条：(1) 自由朗读不少于 7 遍；(2) 读完 7 遍直接能背的，用左手比个"耶"，我会过去听他背，背出的盖激励印章，背不出的再读 7 遍。

管建刚　任务一、任务三，学生读着读着没精神了，乱读了。那么，李冶老师的五条读书规矩干货满满，专治"乱读"。任务二和任务四的"写"，也有规矩——

李　冶

1. 作业准备的规矩。

各小组的组长负责课前发任务单，学生拿到后，任务单翻到今天要上课的页码，放一支笔，笔头统一朝上。口令"拿起武器，准备战斗"，笔是作业的武器，武器不能朝着自己，这是规矩。

2. 握笔姿势的规矩。

写字姿势口诀"大哥二哥头对头，三哥弯腰下面托，四哥五弟排排坐"，握住铅笔时，大拇指和食指基本相对，即"头对头"，中指在两指下方托住铅笔，无名指和小指自然叠放于桌面。"手指握在花边处"，拇指与食指应握在削笔的波浪纹处，手离笔尖差不多是一寸。学生"写"，老师"走"，握笔姿势有误的，我会将口诀变成口令，我说"大哥二哥"，生回"头对头"，我说"三哥"，生回"弯腰下面托"。

3. 写字坐姿的规矩。

任务二和任务四刚开始，我会用"头正、肩平、背挺、足安"的口令组织学生端正坐姿；中间也会口令提醒。左手应平放于任务单左页，与右手形成"八"字，起到正姿和压书的作用，口令——"右手握笔，左手压书"。写字坐姿的组织口令，每个环节1—2次即可，但不可缺。

4. 答题的规矩。

抄写词语的规矩。所有词语先抄写一遍，再抄写第二遍。抄写第二遍时间不够的，可以只抄难的字。边抄边记，抄的目的不是"抄"，而是"记"。字大小均匀、高低相等。

选择题的规矩。选项"ABCD"要写在括号的中间，与括号相平或可略高于括号，但不可过大和潦草。要求选错误选项的，一定要读一读、记一记正确的选项。

判断题的规矩。"√"选正确的读音，勾选在正确拼音的最后一个字母，"√"的尾部不能太高。"√""×"符号应书写在括号的中间。判为"×"的，要想一想正确的是什么。

填空和简答题的规矩。答在横线上的字，大小均匀，上部高低相平，下部不超线不越线。填空题既要关注所填的内容，也要关注题干中的内容。

阅读题的规矩。短文读到"8不"后才能答题。答题要仔细读题干，在题干上圈画关键词。

5. 订正作业的规矩。

画"订正线"的规矩。批改好的任务单，讲评前下发，学生只做一件事——画订正线。订正线根据"就近原则"，即哪道题有错，就在哪道题上下左右的空白处画订正线。

自主订正的规矩。抄写、选择读音、听写等基础题，学生可自主订正。

先评再订的规矩。其他题目，"讲评不动笔，动笔不讲评"，听完老师的讲评，老师设置倒计时，限时订正。

管建刚　作业能力包括作业正确率、作业速度和作业规矩。作业有规矩，读书有规矩，课堂有规矩，教师就能灵活。

张　怡　看了顾孙煜老师的《我的奇思妙想》，我明白了"学生规矩，教师灵活"。

1. 师生问好里藏着规矩。

我们常以为学生读课题，一节课才算开始。实际上"师生问好"课已开始，学生就要有规有矩了。顾老师喊"上课"，所有学生边喊"起立"边快速站起，两手紧贴着裤子两边，双脚并拢，没有人有多余的动作，所有学生眼睛紧盯着顾老师，大喊"站如松"。学生边喊"老师"边弯腰倾斜至45度角，随后边喊"您好"边挺直了身板。顾老师喊"请坐"，所有学生轻轻地将凳子往前移了移，双手快速放平在了桌面上。

回想自己的课堂，我喊"上课"，有的学生慢吞吞地站起来，有的学生站起后双手搭在课桌上，有的学生站起后手还在桌兜里摸索着什么。问好时，有的随意点一下头，有的整个身子都弯了下去，头碰到了桌面。坐下时，有的会挠挠头，有的会看看周围的同学，有的会抠抠指甲，每次我都要静等好一会儿，所有学生才能双手放平坐端正。为什么差别那么大呢？问题不在学生，而在老师。我们班课前问好没什么规矩，根本原因在于我从来没有给学生提出过明确的标准，站起来应该怎么站？问好的时候弯腰应该弯到什么样的程度？也没有给学生一个很好的示范，自己的问好都是很随意的，想站哪儿就站哪儿，弯腰也是随意地弯了一下，学生又怎么可能规矩呢？

2. 口令里藏着规矩。

习课堂中，教师通过"口令"下达任务，学生根据"口令"来执行任务，这就是规矩。自由读时，顾老师的学生用右手的手指示意读的遍数，读完一遍竖起一根手指，读完两遍竖起两根手指，结束的铃声响起时，学生们都停止了朗读，但是右手仍举着不动，直到顾老师喊"时间到"，学生才边答"轻轻放"边把右手放了下去。做任务单时，学生写完后双手拿起任务单，默读自己写的片段，当铃声响起，所有学生仍保持着双手拿任务单的姿势，只不过视线从任务单转移到了前方，听到顾老师喊"时间到"，学生这才边答"轻轻放"边将任务单轻轻地放平在了桌面上，这就是规矩。

而我的课堂就少了这份规矩。自由读完课文，学生听到铃声直接将右手平放在桌面，有的听到铃声后第二秒放下去，有的要到第四秒、第五秒才放下去。齐读课文时，我还没喊口令个别学生就提前举起书本，以前我一直肯定这样的做法，看了顾老师的课，才意识到这是不规矩的体现。"无规矩不成方圆"，如果所有的学生都想什么时候举起就什么时候举起，想什么时候放下就什么时候放下，这样的课堂是乱的。习课堂为何如此强调课堂管理口令？因为口令可以高效地进行课堂组织、课堂管理，让课堂井然有序，让学生有规有矩，为教学节约大量的课堂时间。

3. 教师的举动里藏着灵活。

课上，顾老师的手势是灵活的，学生齐读"神奇功能一个一个写，写了三个"时，先是用左手竖起两根手指示意学生读两遍，读完两遍紧接着用右手再竖起两根手指，示意学生再读两遍，手指头随着学生的朗读节奏而晃动。引读例子时，顾老师说"书包太沉"，立刻将手指向PPT，问道"怎么办？"；说"小马虎的书包丢了"，立刻将手指向PPT，问"怎么办？"，实现了过渡语和PPT的自由切换。顾老师的语言也是灵活的。引读例子时，说"顾老师想飞，怎么办？"，将自己融入到了例子中。请写作小明星上台，顾老师说："某某同学真贴心，顾老师前脚刚说想飞，她就设计了一个飞行模式。"只有老师真正地在课堂中放松下来，真正地"看见"学生，才能发现这样的例子，才能在课堂中生成这样的评价语。

我的课上，看着屏幕齐读时，经常会有学生读着读着双手变样了——左手手指捏着右手手指的、抠指甲的、双手没有完全放平的，有的学生读着读着就变成默读了；我表扬某位学生后，有的学生还会看向那位被表扬的学生，说句"666"……这一系列不规矩的行为，使得我上课时刻关注他们，我没办法像顾老师那样有灵活的手势，因为我的手势经常要用来提醒他们；我也没法像顾老师那样有灵活的语言，因为我的语言一灵活，就会引起一些学生的躁动。

学生规矩了，教师才能灵活。第一步应该是"学生规矩"，第二步才是"教师灵活"。我也终于明白了习课堂为什么那么强调"学生规矩"。

第4节　课堂规矩与自律

管建刚　**有的学生没有做好课前准备，有的学生读书没有精气神，有的学生口令跟不上，有的这节课做到了、下节课做不到，形不成课堂规矩的原因在哪里？**

郭苗苗

1. 我的激励少了。

习课堂的激励印章拿在手中，一节课下来，你数过自己盖了几个章吗？盖了多少个学生吗？上次，樊小园老师指出我的课堂盖章太少了，她基本保证一节课每个学生至少得到一个章，辛辛苦苦读了一节课、写了一节课，一个章也没有，久而久之学生也就没了动力。

习课堂听课，我观察这个老师给哪些学生盖章了，为什么给他盖章？那个老师给哪些学生竖大拇指了，为什么给他竖大拇指？盖章和竖大拇指的依据是什么？这个章是不是给得太随便了？原来不是，我以为的"随便"

在学生眼里、心里是"认可",是"激励"。看张怡老师的课,她给整组学生重重地盖了两个章,我还是挺震撼的,因为我从来不会给学生连盖两个章,何况还是整组。章盖得少,得到的肯定少,能坚持守规矩的学生也就少了。

2. 我的坚持丢了。

我不是经常表扬吗?对,经常,但"经常"不等于"每一天""每一个"。去年接手六年级,我心理上有抵触,六年级叛逆,不好带,小升初压力大。我想从四年级带起。学校举行整班朗读比赛,我挺有信心的。骄傲的背后不是自信,而是莫名的自负。不要说第二名,连第三名都没拿到。我去问了评委老师。"拖调!"居然是拖调。那天读的是《匆匆》第四自然段,那段话里有大量的"了",很容易拖尾音。我又去要了视频,跟第一名、第二名的一对比,我不得不承认,的确没人家好。

开学初,听到学生拖调我纠正了好多次,示范了好多次,看到效果甚微,想想算了,这拖调的毛病也不是一天两天能改的。接下来的日子,关于朗读的课堂纠正和激励少之又少,就这样平平淡淡地过下去了。再看看隔壁班,真真实实打了脸。因为人家的语文老师和我一样,也是中途接手六年级,她每天不间断地示范带读,居然拿了第一名。原来,一年的时间并不短,主要原因是我没坚持。

3. 我的批评多了。

近年来,得甲状腺病的老师多了。大家说,因为老师爱生气。做一个和颜悦色的老师很难。六年级各科老师都争分夺秒,大部分学生也惜时如金。不守规矩的学生课间不去上厕所,预备铃响才说要去。批评后,还是让他们去了。这么一来,课前准备的规矩破坏掉了。

习课堂不用"小蜜蜂"扩音器。上学期我严格遵守。这学期嗓子欠佳,于是"小蜜蜂"又上了战场。我借用"小蜜蜂"响亮的扩音压不守规矩的学生。该坐正没坐正，直接点名；该伸出手指没伸出手指，直接点名；该读三遍没读三遍，直接点名。批评本应小声的，悄悄的，单独的，"小蜜蜂"把批评声无限放大，学生心里不舒服，我心里也不舒服。批评的威力"巨大"，越批评越不守规矩，几个学生把整个班的规矩破坏掉了。

管建刚

课堂规矩是课堂效率的重要保证。"学生有规矩"的前提是"课堂有管理"，课堂组织到位了，课堂激励到位了，课堂口令到位了，课堂手势到位了，课堂一定有规有矩。

李　冶

就像花的花期，有的花期短，有的花期长，有的学生养成规矩要一个月，有的学生则要一个学期。养花人除了松土、撒籽、浇水之外，每天要观察花的状况，浇水、施肥、修剪等，管理照料下才能花开茂盛，学生也要在老师的关注和管理下，才能有规有矩有教养。

习课堂上，每一个学生在课堂上都有事情干，都没时间开小差，全身心投入到"读""写"中。在刷牙中养成刷牙习惯，在"读""写"中养成读写习惯。只有关注"每一个"，才能真正形成课堂规矩。课堂规矩不是靠几个优等生形成的，而是靠"每一个"学生。我们经常会放弃个别学生，心里说，这几个管不好的，只要不惹事就行。实际上，这几个没规没矩，一定会影响周边的学生。好规矩要训练，才能习得；坏习惯只要看一眼，就能学会！

习课堂的课堂管理口令、课堂管理手势，可以用来组织课堂、管理课堂。我说"当堂作业"，学生边答"我认真"边把语文书合拢，放于课桌左上角，坐端正向前看，等待下一个口令；倒计时铃声响，学生自觉将课本或任务单合拢放置于左上角，并坐端正，这几个连贯的动作，一气呵成，我不再用课堂管理口令组织学生放好书本和任务单，只要一个课堂管理手势——两手放平置于胸前，个别动作慢的学生就会迅速调整坐姿。课堂管理口令变成了课堂管理手势，课堂组织和管理就变得更轻松了，我和学生的课堂默契越来越强了。这不是说可以省去课堂管理口令。我会用口令来管理注意力分散的学生。"说看屏幕，就看屏幕"的口令，能迅速拉回学生的注意力。

习课堂让我明白，"关注每一个学生"不是一句空话，而是一句实实在在话，每天的课上，我都在关注每一个学生的学习状态和动态，并调整我的课堂组织、课堂管理和课堂激励。

管建刚

有规有矩的课堂、有规有矩的学生，不只带去规则和教养，也给老师带来教育的愉悦和幸福。一点点的课堂规矩，累积成大写的"人"字。

尹裕娇

一切准备就绪，只待铃声响起，便可以开始今天的课——《一个豆荚里的五粒豆》。没曾想，才读完课题，响起"咚咚咚"的敲门声，我转头望去，一个声音从门口传来："尹老师，临时会议，赶紧！"我点头示意，脑子飞速运转：课怎么办呢？这一下子也找不到人代课。"请班长组织大家学习本课。"我心生一计，向班长递去信任的眼神，"就像尹老师平常给你们那样上课，你可以的！"

任务交给了班长，他能不能上下去，课堂纪律如何，一切未知。会议全程，我的心里都在打鼓。好在议程不长，结束后我习惯性地拿起手机，点击未读信息，隔壁班老师发来的小视频和说明：刚刚路过你们班，听见读书声特精神！伸头瞅一眼，讲台上居然不是你，这帮孩子们太棒啦！随手一录，羡慕！

我迫不及待地点开视频：全班坐姿笔挺，正在全神贯注地齐读屏幕出示的句子，声音整齐、流利，读得有精神。一向喜欢在朗读时左顾右盼的小董不仅坐姿端正，还特别专注，朗读时背部有节奏地轻微起伏。教室里任何风吹草动都能第一时间察觉到的小宋也在认真朗读，视频里居然没有回头，没有发现后面偷偷录视频的老师。呀，太出乎意料了！全班齐读结束后，班长提示：注意节奏线的划分，读好停顿，再次齐读。这小子果然不负所托！

我一边回复微信，一边走回教室，想亲眼证实。眼前的场景和视频中并无二致，孩子们已经进入任务二，所有人都在认真思考、认真答题，教室静悄悄的，这样的感觉真好！印象中，老师上课迟到或者临时有事离开一会儿，90%以上的班级都会用嘈杂来"迎接"老师。即便布置了学习任务，只要不在老师的眼皮下，基本上状况百出。

是什么让我想到请班长上课？是什么让班长敢接受上课？是什么使学生在老师不在的情况下专心专注？这一切都是因为习课堂。习课堂强调课堂流程，"读＋习＋读＋习"的课堂，老师们能够轻松驾驭，时间久了，学生们也门儿清，学生知道下一步做什么。习课堂强调课堂规矩，自由读有自由读的规矩，齐读有齐读的规矩，作业有作业的规矩，在课堂管理口令、课堂管理手势、课堂激励印章的加持下，没有老师课堂也能井然有序！

管建刚

有任务单、有课件，没有老师学生也能自己学、自己习，这不就是"教是为了不教"吗？课堂规矩就是课堂自律，自律才能带来自由；自律的程度，决定人生的高度。

第五部分

习课堂课堂管理

第 1 节　课堂管理的误区

管建刚

《卓越课堂管理》一书指出，"课堂管理技巧是决定教师成败的首要因素""课堂管理是决定学生学习的最重要因素"。"课堂管理"是什么？

钱海燕

课堂管理长期存在着三个误区。

（1）课堂管理＝管课堂纪律。

不少老师认为，课堂管理就是管纪律。然而，课堂管理和管理纪律不是一码事。管纪律是被动的，课堂管理是主动的。管纪律是课堂已经出现问题，如该听讲时学生窃窃私语，该作业时学生玩闹，这时老师管理的是学生的课堂问题行为，而不是真正的管理课堂。

(2) 课堂管理＝班级管理。

"课堂管理"和"班级管理"有着交叉重叠的部分，但两者的侧重点完全不同。班级管理的责任人主要是班主任，内容有班集体的建设、班级文化建设、班级小干部培养、个别学生的教育；课堂管理的责任人是每个踏进教室的学科教师，其目标是保持良好的课堂秩序，管理的内容有课堂教学任务、课堂教学时间和学生的课堂行为等。

(3) 课堂安静＝管理到位。

不少老师认为课堂管理就是对课堂秩序的控制，学生在课堂上听从指挥、安静听讲就是好的课堂管理；课堂上甚至制定了相关的惩罚措施让学生"闭嘴"，在老师的高压之下，学生想着规避惩罚，而不是把注意力集中到学习上。忽略了学生的学习热情、学习状态的课堂管理，那不是真正的课堂管理。

习课堂的课堂管理有以下三条原则。

(1) 一分预防胜过十分治疗。

习课堂有两句重要的话："眼睛就是管理""脚步就是管理"。眼睛所到之处，就是管理所及之处；脚步所到之处，就是管理所到之处。习课堂教学任务切换都用课堂管理口令，可以有效预防问题的出现。如学生坐姿不正，口令"小身板，挺起来"；学生作业时有窃窃私语声，口令"做作业，不出声"……课堂管理好比中医的"未病科"，时不时调理一下，从而避免出现大问题。这比出现问题再去管理，节省了大量的课堂时间，也避免了课堂对立情绪。

(2) 管个体时想着全体，管全体时想着个体。

习课堂上，学生在完成学习任务，老师要走下去管理课堂。这不只是随意巡视，而是既要关注眼前的学生，又要关注全班学生。老师的视线需要在个体和全体之间来回切换，老师要行走在教室的各个角落。如果老师迟迟没有发现远处举手的学生，原因是心中没有这条原则。

(3)"铁手套里的温暖的手"。

英国教育名家、哈罗公学前校长巴纳比·列侬强调，纪律是一切教学的前提。每接手一批学生，第一要务是立规矩、讲纪律，这被他称为"铁手套"。列侬又说"我们要做铁手套里温暖的手"，要做到纪律严明，又总能从学生的角度理解他们。习课堂的课堂组织与课堂管理是规则、是标准，好比"铁手套"，课堂激励、课堂示范，灵活、有变化，好比"温暖的手"。

习课堂常用的六个课堂管理手段。

(1) 课堂管理口令。

课上学生有问题行为，习课堂用课堂管理口令快速拉回学生的注意力，如"谁在听，我在听""说看黑板，就看黑板"。习课堂还用口令组织学生打开书、捧起书、合起书，管理学生的读书、写字等，如"语文书，打开来""捧起书，往外斜""书本合拢，左上角"。比起老师的训导和提醒，用简短的、朗朗上口的口令来组织管理课堂，更可亲，更有效。

(2) 课堂管理手势。

习课堂开发了 25 个教师手势和学生手势，如老师伸出的手指数量，表示学生朗读词语的遍数；老师摆手腕的频率，表示学生读词语的节奏；老师手的高低变化，表示学生朗读音量的变化。学生自由读课文，读完一遍伸一根手指，读完两遍伸两根手指。手势是一种无声管理，可大大节省课堂时间。

(3) 课堂激励印章。

习课堂非常注重课堂激励。每一份习课堂工具包里，都配有一个激励印章。习课堂要求一节课至少有 70% 的学生得到激励印章。学生朗读时，老师走下去倾听，盖章激励；学生作业时，老师走下去巡视，盖章激励……跟同伴比，激励盖章；跟自己比，盖章激励；小组比赛，由优胜组全员盖章激励……习课堂上，不时响起"哒哒哒"的盖章激励声。

(4) 课堂管理 Q 币。

习课堂工具包里配有课堂管理 Q 币。习课堂上的激励印章，可以兑换 Q 币。每周一次印章换 Q 币活动，1 个印章兑换 1Q 币；每月组织一次 Q 币兑奖活动。有物质奖品，也有精神奖品，如 10Q 币兑换"自选同桌一周券"，20Q 币兑换"免做回家作业一次券"，30Q 币兑换"和老师交换一份午饭券"……有了印章兑换 Q 币，激励印章就不会流于形式，学生会自觉规范自己的课堂行为，Q 币带给学生学习成就感和学习动力。

(5) 课堂计时器。

每一张任务单上都有四个任务，每个任务都有对应的完成时间。如，第一课任务一的"读"约 12 分钟，任务二的"写"约 10 分钟。实际操作中，大任务要细化成小任务，小任务要设定细分的时间，"细分的时间"里做着"细化的任务"。如任务一的 12 分钟，任务和时间细分为：自由读课文 3 分钟，读词语 2 分钟，读句子 2 分钟，再读课文 3 分钟，还有 2 分钟留给老师评价和管理……习课堂的时间管理不是写在纸上的，也不是老师当堂估算，而是用计时器准确、清晰计时。时间素养是现代人的核心素养。

(6) 课堂表扬。

习课堂杜绝"你真棒""读得真响亮"之类的套话。习课堂的表扬要求"具体的名字＋具体的细节"，如："瞧，小 A 同学，双手捧书，背挺直，眼睛盯着课本，已经充分做好读书准备了。"没有准备好的学生迅速向小 A 看齐；学生读书的声音有气无力，就表扬读书精神的："小 B 同学头上一堆汗珠，可他根本没有想到要擦一下，因为他的注意力都在读书上！"习课堂上的表扬就是学生努力的方向。

管建刚　学生抠指甲的、发呆的、玩文具的、画画的、偷看漫画的……以上情形课堂里每天都大面积发生。为什么？

张 怡

现在我终于想明白了这个问题：学生太"空"了。

老师在台上滔滔不绝地讲，学生只要听，没有其他事可干，听着听着无聊了，就开小差了，就像我们开教师会，坐在下面听，很少有人能保证40分钟内不拿出手机，因为无事可做。课上，老师经常请成绩好的、积极主动的学生回答问题、朗读课文，中后等学生和内向的学生几乎没有什么存在感，他们只能通过开小差来证明自己的存在。怎么办？习课堂有答案。

1. 让每一个学生都有事情干。

一个人无事可干的时候就容易走神、开小差，习课堂让每一个学生都忙起来，任务一和任务三是每一个学生的"读"，任务二和任务四是每一个学生的"写"，任务二的"写"检验任务一的"读"，任务四的"写"检验任务三的"读"，环环相扣，学生哪来时间开小差？任务二和任务四是"写"，第一课时的任务二主要是抄词语，抄完当堂抽默，所以抄的时候学生不会抠指甲、发呆。任务二、任务四有一条原则——"看书不作业，作业不看书"，所以任务一和任务三的"读"学生很少有滥竽充数的。

2. 用眼神、脚步管理每一个学生。

习课堂70%的时间还给学生读、写、背，老师就可以从喋喋不休的"讲"和"问"中解放出来，去管理"每一个"学生。学生自由读，老师不用去想下个环节的教学内容，也不用绞尽脑汁去组织优美的过渡语，老师要做的是站在前方，眼神扫描每一位学生，如果所有人都进入读的状态，那就走到学生身边，俯下身听、凑近到脑袋旁听，学生读错的地方及时纠正，读好的地方竖个大拇指。如果发现有学生没进入状态，立刻走到他身边，俯下身听读，学生得到关注和管理，怎会不好好读呢？

3. 用口号、印章激励每一个学生。

课堂要尽量跟"每一个"学生互动，课堂口令就是面向"每一个"学生的互动。"小身板——挺起来""小身板、小身板——挺起来、挺起来"老师说一遍，学生回一遍；老师说两遍，学生回两遍；老师大声说，学生大声回；老师轻声说，学生轻声回……一唱一和中，老师不再高高在上，而是平易近人。习课堂上，老师手里有法宝——印章，读书专注敲章、坐姿端正敲章、这道题做对了敲章……一个个大拇指就是对一个个学生的肯定，对一个个学生学习行为的激励与强化，大拇指可以兑换 Q 币，Q 币可以用来购物，如此学生还会开小差吗？当然不，他们都想用自己的好表现来换取老师手里的"章"，为自己攒更多的"钱"。

刚接班，小万一节课的"读""写"时间估计只有三分之一，三分之二的时间都在开各种小差，任务单上只有几个字，每次考试不及格。一年习课堂，他不一样了，自由读课文能做到"闹铃不响，读书不停"了，时间没到，他一直会读，齐读他能跟上大家的节奏了，默写词语他能至少对一半了，做任务单他的基础题接近全对了。这次期末考试考到了他有史以来最高分——69 分。

管建刚　"不开小差"是有效学习的基本前提。"不开小差"的秘密主要有两条，一是让每一个学生每一分钟都有事干，二是老师要经常进行课堂组织、课堂管理和课堂激励。

第 2 节　课堂管理手势

管建刚

课堂管理口令是习课堂听得见的标配，课堂管理手势则是习课堂看得见的标配。教师课堂管理手势有哪些？

周利利

1. 调控读词语遍数手势。

［做法］老师一手指读词语，手指位于所读词语下方；一手伸出 2 根或 3 根手指，学生根据老师伸出的手指数读词语。

［好处］老师的手指数可以变化，考察学生的专注力，学生注意力更集中。

2. 调控朗读速度手势。

［做法］老师单手手心朝前，位于所读句段的下方，根据需要变化手掌的滑动速度，学生的朗读随之快或慢。

［好处］朗读速度可视化，学生更专注，有助于理解和品味。

3. 调控朗读音量手势。

［做法］齐读句段时，老师掌心向下，置于身前，手举得越高，学生读书音量越高；反之，音量降低。

［好处］朗读音量可视化，学生更专注，朗读有趣味。

4. 强调关键词手势。

［做法］齐读词语或句子，老师伸出手掌，放在某个关键词下。

［好处］强调关键词，帮助学生理解。

5. 暂停读书手势。

［做法］老师左手手掌平直，在上；右手手掌朝上，置于左手手掌的下方，呈"T"形。

［好处］看得见的"叫停"。学生读书声较大，老师的口头叫停听不清。

6. 站定巡视手势。

[做法] 组织学生读书或做练习，老师站定巡视时采用"横摆手势"，从第一组依次横摆到第四组。

[好处] "横摆手势"放大了教师的眼神巡视，引起学生注意。

7. 双手点赞手势。

[做法] 表扬一个学生，老师走近并看向这个学生，弯腰下蹲，近距离竖起一个大拇指点赞；表扬全体学生，老师眼睛看向全体学生，身体微微前倾，竖起两个大拇指点赞。

[好处] 肢体点赞，比口头点赞更有力、更温暖。

8. 倒着往回走。

［做法］老师从教室后面回前面，一般倒着走。

［好处］倒退着走，可以跟眼前的学生进行眼神交流。

9. 计时"开始"手势。

［做法］"任务挑战，计时开始"，老师右手从上往下快速一挥，像起跑发令员一样。

［好处］有仪式感，有紧迫感，提高效率。

10. 口令"提笔，准备"的手势。

［做法］任务二、任务四组织学生答题，老师站于教室前方，喊口令"提笔"，右手握住笔（也可用翻页笔），笔尖 45 度向下倾斜。

［好处］握笔示范，有很强的代入感。

11. 口令"时间到，轻轻放"的手势。

［做法］老师喊口令"时间到"，学生回"轻轻放"时，老师左手放置于右手上，呈坐端正姿势。

［好处］姿势示范，有很强的代入感。

12. 口令"书本合拢，左上角"的手势。

［做法］老师喊口令"书本合拢"后，右掌盖于左掌上，发出拍击声。

［好处］姿势示范，有很强的代入感。

以上教师课堂管理手势：（1）节省课堂时间，简洁、直观的手势语替代繁琐的口头语言，节省了课堂时间；（2）提升学生专注力，眼睛在哪里，注意力就在哪里，教师的手势能吸引学生的眼睛；（3）满足爱的需求，轻抚肩膀、大拇指点赞等向学生传递着尊重、重视的温暖；（4）形成课堂默契，系统的课堂管理手势，学生自然而然的反应，师生课堂越来越默契。

管建刚　练习全对，学生举手；要上厕所，学生举手；身体不舒服，学生举手；要借橡皮，学生举手；遇到难题，学生举手。万能手势一点儿也不万能，时时打断老师的教学。怎么办？

顾孙煜

1. 报告上厕所的手势。

有的高年级学生不愿意在大庭广众之下说"我要上厕所"，于是"上厕所手势"诞生了。学生右手伸出两个手指，横向放于眼前，代表"老师，我要去上厕所"。老师看到后，点头或轻拍其桌子，学生安静地从后门出去。

2. 报告身体不舒服的手势。

齐读课文时，小B身体不舒服。按以往，小B高高举起右手，甚至嘴里不停喊着"老师！老师！"，现在，小B右手伸出四根手指，反向放于额头，代表"老师，我身体不舒服"。老师耳语班长，班长陪同小B从后门出，前往医务室。

3. 报告听写完成的手势。

课堂听写，"写一个词——放下笔——举起手——放下手——拿起笔——写下一个词"，光是拿起笔、放下笔的声音，已经混乱不堪。于是，"报告听写完成"的课堂管理手势诞生了：学生听写完毕，右手举起笔作举手状，代表"老师，这个词我已写好"。手势简洁，也没了"拿笔、放笔"的杂音。

4. "我做对了"的手势。

以往，老师问"这道题哪些同学做对了"，对的学生举手。举手本身并不能有对应的激励、鼓舞的含义。于是，"我做对了"的管理手势诞生了。老师问"哪些同学做对了"，做对的学生双手轻拍脑袋三下，寓意为"拍拍聪明的小脑袋"。

以上课堂管理手势，好比跟学生约定好的暗号，一看就知道发生了什么事情，麻烦都在悄无声息中解决，一点也不影响教学。

第 3 节　脚步就是管理

管建刚

郭苗苗

习课堂强调教师要走下讲台，走到学生中间去。怎么走，有讲究！

你也许会说，走路还不会吗？有什么可讲的。刚开始我也这么想，现在才知道，老师的"走"跟模特的"走"一样，里面都有专业。

1. 老师的"走"要三步一回头。

回头干吗？管理，巡视。前后左右，用最短的时间 360 度扫一遍，有没有需要帮助的？有没有需要提醒的？有没有需要激励的？《家常课十讲》说，学生呕吐前的五六分钟最难受，老师为什么不知道？习课堂管理有一条原则"看个体的时候想着全体，看全体的时候想着个体"。课堂上，你能第一时间发现学生身体不适吗？实话实说，我不能。通常都是学生自己举手："老师，我想上厕所。"你不知道学生内心挣扎了多久才举手说了这句话。有时候，胆子大点的同桌会直呼："老师，他流鼻血了。"老师这才赶过去了解和处理。

2. 老师的"走"要打破规矩。

一会儿要横着走，一会儿要竖着走，一会儿要斜着走，无规律地走。线上直播课我用的是 ClassIn，直播界面上会出现老师和学生的视频画面。我喜欢设置成 1 比 12，我就是那个"1"，在最上面最左边，后边会出现 12 个学生的视频画面。10 秒钟，学生会轮流上台。这里有两种设置，一种是按顺序，如 A 学生后面跟着 B 学生，B 学生后面跟着 C 学生，就这样一个一个轮下来。时间一长，A 学生上台了，B 学生就知道下一个一定是他了，收拾手边的饮料，嘴里的东西赶紧咽下去。另一种是随机，不知道下一个上来的是谁，无规律，这次 A 学生后面跟着 B 学生，下一次说不定就是 F 学生，谁知道呢？我当然选择随机。课堂里的行走也应该"随机"，不规则，也不知道你下一秒会走到张三那，还是李四那。这样一来，开小差的机会就少了。50 来个学生，座位间拉不开多少距离。小刘总影响其他同学，我把他的座位往前拉了一点，让后桌往后拉了一点。这么一拉，我能走过了，而且经常要从这个皮小子那过。谁说一定要每个人的座位都拉开一点距离呢？只要有的拉开，我可以挤过去，就行。

3. 老师要习惯"倒着走"。

从后面走到前面，要倒着走，倒着走就能一边走一边看学生，跟面前的学生进行实时的眼神互动。听人说，倒着走对腰酸、腰椎间盘突出好。可是，刚开始真的不习惯，心里总感到不安。"老师不应该看 PPT，老师应该看学生"，不看 PPT 挺难的，不看都不知道下面是什么。如果你这样要求自己，没多久，习课堂就可以做到少看甚至不看 PPT，因为习课堂是模块化的、结构化的。平常，我总会不自觉地瞄一眼 PPT，还剩多少时间，是不是需要走回讲台边？倒着走就更不知道还剩多少时间了。看着视频里的自己挺尴尬的，走流程的痕迹太重了。我很想问问自己，为什么要看时间？为什么一定要刚好走回讲台边？我看时间，不看学生，学生也会不自觉地看时间、不看书本、不做练习、不用好零碎时间。PPT 上的倒计时，我们眼睛是看得到，但要装作瞎子看不到，成年人对时间可以有较为准确的心理感知。

听过习课堂的人大多认为简单，好学。流程简单，操作简单，上手快。可是，习课堂的每个细节都是学问。习课堂的不简单，正是我们一线老师熟视无睹的内容，正是我们要补的那一课。

> 管建刚
>
> 周　静

"脚步就是管理"，老师走到哪里，管理就带到哪里，效益就带到哪里。一堂课上老师至少要走500步。老师的"走"不同于日常随意的"走"，而是带着管理任务的"走"。

1. 巡视全班时的脚步。

习课堂上，老师巡视的路线绝不是巡视完第一组，再巡视第二组……若如此，要不了多久，学生就摸清老师的巡视路线：老师巡视完第一组，第一组的学生就可以有所松懈，因为他们明白，老师要过很久才可能再次来到。习课堂要求老师的巡视路线没有固定模式，没有既定路线，如第一组的小 A 读得声情并茂，即使老师在最后一组，也要快速来到他身边，点赞。

2. 从后往前时的脚步。

老师背对着学生，个别调皮蛋会在老师背后做各种古怪动作，不仅不礼貌，还严重扰乱了课堂秩序。习课堂规定，老师往回走的时候要"倒着走"，就是教师面向学生，背对讲台，往后退。如此一来，面前的学生都能接收到老师的眼神的信号。至于老师身后的学生，他们看不到老师具体在哪儿，在未知的情况下，捣蛋鬼也往往不会轻举妄动。

3. 发现情况时的脚步。

老师巡视的脚步频率不是匀速的。习课堂的巡视绝不是逛马路，习课堂上老师的脚步有轻重缓急之分。学生答任务单时，老师的脚步要放轻；发现学生分心，老师的脚步要加快，快速来到他身边，提醒他。

4. 关注"每一个"的脚步。

课堂上沉默的 80% 很少得到老师的关注。习课堂的课堂管理要求关注"每一个"。一是 70% 的课堂时间还给了学生，老师腾出了时间和精力去关注学生。二是习课堂上的"走"有讲究。从前面走到后面，顺着走；从后面走到前面，要倒着走；要根据学生的学习状态随时调整行走路线，横着走、竖着走、斜着走、穿梭着走，哪里需要管理就去哪里，这样就能做到关注"每一个"。

5. 充满亲和力的脚步。

有的老师常常直着腰走，或两手抱臂，或两手交叉，或两手叉腰，或插裤兜，或双手背在后面。老师像保安。习课堂上，老师要经常俯下身、弯下腰。任务一、任务三学生自由读、齐读，老师走下去，俯下身，听清学生的读书声；任务二、任务四，学生完成任务单，老师走下去，俯下身，看清学生的作业情况。俯下身，弯下腰，蹲下来，放低自己的姿态，物理距离绝对影响人与人的心理距离。

第 4 节　实现课堂默契

管建刚

习课堂上，老师的嘴巴主要不是用来"讲"和"问"的，而是用来表扬和示范；习课堂上，最常用的管理是无声的眼睛、无声的手势。于是，失声的郭老师，说不出一句话的郭老师，上了一节自己也惊叹的课。

郭苗苗

不好，失声了！计时器、印章揣兜里，再抱上语文书，前往教室。

隔着一间教室，我已经听见"小老师"俞小祺在组织课前准备了。来到教室门口，学生刚好开始读黑板右上角的小古文，小古文由"小老师"陶小醉每周三更新。我眼神扫视全班。"胖仙童"坐得正神气，"瘦仙童"还猫着腰，眼神接触到的刹那，他立马挺直腰板，放好双腿，双眼看黑板。徐小寅跷着二郎腿，坏习惯刚改掉一阵子，又犯病了。我盯着他，盯着他不放，终于他也乖乖坐正了。

——习课堂说的，眼睛就是管理。嘴巴没法说话，眼睛可以说话。

来到讲台，我双手击掌三下，学生跟着击掌三下；再击掌三下，学生再跟着击掌三下。这是"安静"手势，翻译成文字就是：说坐正，就坐正。平常也这么做，所以学生一听就明白了，马上坐正。还有个别在神游。我改变了击掌的节奏，就像在喊"说——坐正"，有学生竟然不自觉地喊出了"就坐正"。我笑了，伸出一个大大的拇指。我指了指自己的喉咙，向大家摇了摇手。他们明白了，老师的喉咙说不出话了。平时老被我训的刘小轩，眼神居然变得热切了。

——嘴巴没办法说话，课堂管理手势可以说话。

我转身拿起粉笔，在黑板上这样写道：1. 看练习卷（5分钟）；2. 自行订正练习卷（7分钟）。学生看练习卷，我巡视。顾小佳做得很不错，盖章。沈小寒在圈圈画画，盖章。李小豪愁眉苦脸，拍拍他的肩，以示安慰和鼓励。徐小寅的字写得工整漂亮，看来是吸取了"写得不规范就算错"的教训，盖章。江小紫已经订正好了基础部分，全对，盖章。小干干正在冥思苦想阅读题，一遍一遍地反复读阅读题内容，寻求答案的样子很帅，我把大拇指伸到他面前。赖小谦有了自己的思考，举手问我对不对，我点了点头。徐小强看来遇到困难了，我弯下腰，指着关键句示意他读。

——嘴巴没办法说话，课堂管理印章可以说话。

讲评练习卷了，说不了话，怎么讲？怎么评？我把练习卷往投影仪上一放，手指着题目，学生先读要求，再读题干。红笔画出关键句，圈出关键词，再读。薛小怡的练习卷往投影仪上一放。看什么？看薛小怡的思考过程。题目需要学生"逆读文字，连成一首诗"。有学生在"逆读"上圈了圈，却并没有理解"逆读"。薛小怡在图上，画了两个箭头，分别写好了"顺"和"逆"，一下子就清楚了。我再指指后面的钟，学生就懂了，这不就是顺时针、逆时针吗？

——学生可以读写的课，就是踏踏实实的语文课。

这一节课，我没有讲一句话，却又像讲了很多话，只有我们懂的话。

管建刚

新教师借班上课不慌不忙，她谦虚地说，那不是自己教学水平高，而是习课堂实验班有相通的课堂默契。

张颜笑

那天，上三年级的习课堂，我强烈感受到了课堂默契。

1. 口令默契。

"时间不到——朗读不停！""时间到——轻轻放！""书捧起——稍倾斜！"和孩子们对口令，我看到孩子们脸上那不可思议的笑容：张老师居然熟悉我们的口令！"书本合拢，左上角！"我的右手轻快地盖在左手上，两手归置在平面的左上方。孩子们更兴奋了。一个陌生老师仿佛熟知他们的课堂规则，熟悉感扑面而来，陌生感消散了。

2. 变换默契。

跟自己班的学生，我会变换语速喊、变换语调喊、变换音量喊、叠加口令喊。我把这带到了三（1）班。"书捧起，稍倾斜！"第一遍，我按照正常语速喊，学生就按照正常语速应。第二遍，我加快语速喊，学生便加快语速应。"时间不停，朗读不停！"我用摇手的动作，配合上扬的语调，孩子们来劲了，纷纷学着我的样子回应。我们居然玩得如此默契。

3. 流程默契。

我没有了借班上课的拘束和紧张，大大方方地走到孩子们身边，弯下腰倾听朗读，蹲下身子纠正不规范的两腿，看着他们的眼睛再竖起大拇指，轻轻扶起耷下的脑袋，再微笑点头……如同在自己班上课一样。我的眼睛变活了，我不再焦虑课堂激励的素材。"夸夸小李同学，两轮自由读结束，她的腿一直都处在九十度，太规范了。表扬她！"孩子们纷纷看向小李标杆一般的坐姿……习课堂公开课就是家常课，课堂回归我们熟悉的流程。

4. 师生默契。

小张同学有一个字不认识，我俯下身帮他赶走"拦路虎"。自由读结束，我夸："小张遇到一个生字不会读，勇敢地举手问老师，还老老实实地标注拼音，真是一位虚心又踏实的孩子！"小王认为"读"很简单，没有挑战，流畅地读完一遍便停止朗读。我走到他身边，手轻轻搭着他的肩膀，笑着寄予期待："小王，交给你一个特别的任务，读完一遍以后，变着速度、点点头读，看你能不能闯关成功。"一听还有这些读法，小王立马带了劲。自由读结束，我表扬："小王同学真了不起！他在正常语速读的基础上，学会变着速度读……"只要你真心夸学生，马上能赢得学生的真心，课堂马上就默契起来。

管建刚　口令用好了，课堂默契起来了；手势用好了，课堂默契起来了。有了课堂默契，越带越顺，越带越舒心，越带越舍不得送他们毕业。

第5节　温暖的铁手套

管建刚　英国哈罗公学校长列侬在《教育的承诺》一书中说："教师应该可以做到严格要求同时善解人意。""严格要求"和"善解人意"不是矛盾的，不是对立的。"严格要求"说的是标准和规范，"善解人意"说的是老师的亲和力与感染力。

1. 口令里的善解人意。

杨　虹　这个世界唯一的不变就是变化。刚开始喊口令，有新鲜感，学生喊得精气神十足。一个星期、一个月、一个学期过去了，新鲜感不在了，学生倦了，怠了。强化训练只能暂时强打精神，怎么办？拥抱变化的老师喊出课堂口令的变化，一句口令可以在节奏上喊出变化，如：师"小身板"，生"挺起来"；师"小——身——板"，生"挺——起——来"；师"小身——板"，生"挺起——来"。也可以在音量上喊出变化，如：大声喊"小"，故意放低音量喊"身板"，学生学着大声喊"挺"，放低音量喊"起来"。变化节奏，变化音量，变化叠词，一句口令可以有十种喊法，口令常喊常新，动力十足。还有，鼓励学生自创口令，学生喊着自己创作的口令，怎么会没有精气神呢？

2. 眼神里的善解人意。

习课堂强调眼睛就是管理。学生看到老师的眼里不仅有要求，还有关切。老师喊"任务单"，学生回"拿出来"，讲台前的老师看向所有的学生，对动作快的学生露出赞许的目光，目光稍微在动作慢的学生身上停留。"看个体时想着全体，看全体时想着个体"，老师的眼睛要看到每一个真实的学生，有的学生可能因家庭原因而闷闷不乐，停下来询问会影响教学进程，老师温暖的眼神可以让他为之一振；有的学生可能因身体异常萎靡不振，老师温情的眼神会让他舒服不少；有的学生可能因学习遇到困难而直皱眉头，老师鼓励的眼神会让他增添直面困难的勇气。课堂上，最经常、最频繁的交流和管理是老师的眼神，而不是语言。

3. 脚步里的善解人意。

习课堂要求老师一节课走要500步以上，这500步不是随意地走，而是有目的、有快有慢地走。自由读课文，学生读完一遍伸一个手指，读完两遍伸两个手指，看到学生的手指，老师快走过去握一握手指，传递认可与赞许。听到学生读得疙瘩，老师俯下身子仔细听，为学生的反复练习竖起大拇指。做任务单，看到学生认真写字，勾画关键词，老师放大它，激励更多学生。课堂行走的快与慢，是为了在有限的课堂时间最大限度地激励更多的学生。

4. 激励里的善解人意。

习课堂上，每完成一个学习任务，老师便会停下来口头表扬。习课堂表扬要求"具体的人＋具体的细节"。一些细节可能连学生自己都没有发觉，如，"小林同学的笔掉下去了，他可能没有发觉，那是他读得太投入了；他有可能发觉了，但是控制自己不去捡，因为这个时间是用来读书的，那就是自律！"这样的表扬自然敲打在学生心坎上。学生读课文、答任务单，老师用印章激励学生。习课堂要求一节课至少有 70% 的学生得到激励印章，得到肯定。看见学生坐姿端正，盖上激励印章；看到圈画关键词，盖上激励印章；看到学生读书投入，盖上激励印章。

管建刚

"现在的学生太难管了。课上管，死气沉沉；不管，能上房揭瓦！"其实不是学生皮，而是老师的课堂管理还停留在上世纪。用上世纪的方法管本世纪的学生，当然累。习课堂上，课堂管理不会造成师生对立，且能和谐师生关系。

顾孙煜

例1：课上，小 A 等多位同学懒洋洋地趴在桌上。

不懂课堂管理的教师，常常点名提醒。"×××，腰板挺起来！""×××，坐端正！"教师一句句语重心长的提醒，在学生耳中却适得其反：老师干吗要叫我名字，害得我下课又要被同学嘲笑。逐一点名提醒，还浪费大量课堂时间，教学任务无法完成，课间休息因此消失，学生更是不满，恶性循环。

习课堂上，一句"小身板，挺起来"，简简单单六个字，调整全班坐姿，让所有人都在同一时间挺起身板。如有个别学生仍未调整，那就来第二遍。这样的课堂管理，既充分尊重学生，维护了学生的自尊心，又节省了大量的课堂时间成本，避免拖课情况的发生。教师设身处地为学生考虑，充分尊重学生，又如此简单高效，久而久之，师生关系必然越来越和谐。

例2：读课文啦，小 B 等几位同学开小差，未做好读书准备。

此刻老师怒气显于色，学生紧张地看着老师，教室温度瞬间低至冰点。开小差的学生或许已经回过神来，但教室的课堂氛围依然紧张。如果遇到一位"血气方刚"的老师，全班学生还得承受一顿高八度的说教。如此一来，谈什么师生关系和谐呢？当然，这顿"说教"占用的仍是宝贵的课堂时间。

这种情况，习课堂很好处理。老师在学生读课文前，随着眼神的移动，右手五指并拢，逐一指向各个小组。几秒钟的巡视，就能诊断出是否所有人都已做好准备。如有开小差的学生，老师也只需："第一组，准备完毕！""第二组，准备完毕！"……十来秒的课堂管理，既确保所有学生进入学习状态，又让一切都在和风细雨的课堂氛围内有序进行。教师情绪稳定，学生课堂充满安全感，又能让所有学生进入学习状态，久而久之，师生关系必然越来越和谐。

例3：低年级学生半节课后，注意力开始涣散。

老师经常敲黑板，用高分贝引起学生注意。"小蜜蜂""大分贝"不仅可能损伤孩子的听力，学生还会缺乏安全感。没有安全感的学生如何有效学习？以低年级的习课堂为例，完成任务二后，高强度的课程已过半，学生的注意力开始涣散，这时老师带领大家做一两分钟的小游戏，适当的放松是为了下半节课更好地学习。有老师会担心低年级学生在玩游戏后状态不可控。一句"小身板，挺起来"，调整全班坐姿，所有人同时挺起身板。课堂上让学生做游戏，这样的老师谁不爱呢？

第六部分

习课堂时间管理

第 1 节　管理时间即管理行为

管建刚

"时间就是运动"。人的运动就是人的行动，管理时间就是管理我们的行动。所有的时间都是伴随着人的行动流逝的，我们的时间可以在工作中流逝，也可以在消遣中流逝；可以在睡觉中流逝，也可以在吃饭中流逝；可以在看书中流逝，也可以在小视频中流逝……行为本身就是时间。管理行为就是管理时间。管理时间本身就是管理行为。课堂效率＝课堂任务÷课堂时间。学习任务确定后，课堂效率的高低取决于时间的有效性。时间的有效性取决于时间管理。课堂里的时间管理取决于两个人：老师和学生。

一节课 40 分钟，老师的时间少花在哪些行为上？

（1）少讲甚至不讲。

能不讲的坚决不讲，因为"讲"的行为本身就是"时间"。一定要讲的，可以写下来，制作成 PPT，变"老师的讲"为"学生的读"，学生读一遍的效果比老师说一遍的好。学生读课文，老师可以巡视和管理。老师的话要少，话少才叫有重点。洋洋洒洒讲了万言，学生还要去刷选要点。老师的话少，那"少"的几句话就是"点拨"。"点拨"的"拨"是"四两拨千斤"的"拨"，四句话顶得上一千句话，那就是"明师"，那就是效益。

（2）少问或者不问。

这里的"少问""不问"是指口头的"问"。习课堂强调，能书面提问的尽量书面提问，既可以节省时间，又能让每一个学生都独立思考、独立回答。学生书面回答，老师可以巡视和管理，还可以"一对一"地有效辅导、有效鼓励，跟学生"一对一"地亲密接触。

一节课40分钟，老师的时间多花在哪些行为上？

（1）多夸。

课上老师要多表扬，表扬一个又一个的学生，可以是语言的表扬，也可以是动作的表扬，比如盖激励章、翘大拇指、摸孩子的头。可以有简单表扬，更要有具体表扬。简单表扬追求表扬的量，70%以上的学生都在课堂上得到老师的表扬，得到老师的关注；具体表扬追求表扬的质，一节课10人次左右，具体表扬是给学生树立学习的榜样，指明努力的方向。教育的艺术就是唤醒、激励和鼓舞。课堂上，老师的第一角色是唤醒者、激励者、鼓舞者。只要内心被唤醒了，内心的马达启动了，学习方法、学习内容、学习形式什么的，都是小菜一碟。课堂不是批评的场所。当老师的第一素质是耐心，不当堂发火、不当众批评。

（2）多走。

盖激励章，老师要走动；翘大拇指、摸孩子的头，老师要走动；发现学生的闪光点要具体的表扬，老师要走动。习课堂的课堂时间是伴随着老师走动流逝的。没有多走动，难有老师的多表扬。习课堂的老师是"活"的、"动"的，一堂课要走500步以上。"脚步就是管理"是习课堂的重要理念。老师走到学生中间去就像干部走到群众中间去，后者是党的执政理念，前者应该是教师的执教理念。

（3）多看。

"眼睛就是管理"。老师的眼睛不是盯着书本的，不是盯着教案的，不是盯着屏幕的，不是盯着 PPT 的。老师的眼睛是盯着学生的。这个"盯"，不是怀有敌意的"盯"，而是怀着善意的，怀着欣赏的"盯"。看到了课堂中有问题行为的学生，可以单个地、尽量小声地提醒；马上要去"看"没有这样的课堂问题行为的学生，在这一方面做得好的学生，看到了就可以表扬，用表扬小明的方式来告诫有问题行为的学生，指明学习的榜样以及努力的方向。

一节课 40 分钟，学生的时间少花在哪些行为上？①少花在个别读上。课堂的 40 分钟是属于每一个学生的。这一个学生读了 2 分钟，那么坐着的不在读的四十九个学生的 2 分钟不是无效的，便是低效的。②少花甚至不花在个别发言上。理由同上。

一节课 40 分钟，学生的时间多花在哪些行为上？①多花在自由读、齐读、自由背、齐背、男女生合作读、男女生合作背等，让每一个学生的每一分钟一同用起来。②多花在动笔回答上，少花在一个一个的口头回答上。让每一个学生的每一分钟一同用起来。

管理时间就是管理好老师的行为、学生的行为。时间伴随着行为消逝，行为管理好了，时间也就管理好了，课堂效率也就提高了。

第 2 节　时间管理有招

管建刚

初用习课堂，大部分老师都有挫败感： 40 分钟只能完成 2—3 个任务。怎么办？

杨清蓉

1. 提前准备，节约时间。

教室的电脑反应有些慢，提前到教室，打开PPT页面，希沃软件里的倒计时也打开，既能看到PPT内容显示，也能看到时间在滴答滴答往前走。倒计时比用实物闹钟更省时。一堂课有5—8次的时间设置，这样能节省出1分钟。

2. 插入倒计时，节约时间。

现在，习课堂团队提供了倒计时。倒计时要提前插入课件，这样的时间管理更精准，少了随意。课件里的倒计时可以用翻页笔随时启动，而希沃软件的计时器则要走到屏幕前设置，一堂课五六次，可以节省出1分钟。

3. 课堂导入，节约时间。

不再这不放心、那不放心，导入还要来一段不痛不痒、不尴不尬的抒情。直接入题，齐读课题，可以节省出1分钟。

4. 翻页笔，节约时间。

以前上课我不带翻页笔，要触摸屏上翻页。翻页笔是习课堂的标配。任务一学生读，我在教室里巡视，盖激励印章，随时注意到屏幕上的计时器，看到时间剩十秒，印章放在前排，拿起翻页笔。闹钟一响，喊课堂口令"时间到，书放好"，开始下一个任务。有了翻页笔，老师可以随时走到学生中间，随时进入下一张PPT的学习，又能节省出1—2分钟。

5. 快速翻书，节约时间。

上到哪课书签夹到哪课，翻书快。习课堂上，学生要在任务单和语文书之间切换，几次拖拖拉拉的翻书，不仅浪费了时间，还把整个课堂节奏带慢了。打开语文书、合上语文书，打开任务单、合上任务单，一堂课至少有五六次，又能节省1分钟。

6. 课后盖章，节约时间。

表现好的学生多了，来不及盖印章；不盖，学生又有情绪。怎么办？现在我会说："表扬第一组，下课每人来盖一个印章。"如此，又能节省出1—2分钟。

本学期第一节习课堂，四个任务全部完成，20个孩子背出奖励题，第二堂课，四个任务依然全部完成，背出奖励题的学生也越来越多。下课铃声响起，学生举着书欢呼："习课堂，我们赢了！"

管建刚

管理时间就是管理自己的行为。赢了时间就是赢了自己。计时器下，速度和效率看得见、摸得着了。

许慧敏

1. 倒计时写词语。

一年级任务单，当堂检测4个看拼音写词语。起初，我给了1分钟，没有学生能把这4个词语写完。家长纷纷问我，孩子回来说时间不够。时间不够，很正常。速度要反复训练才能提升。现在1分钟学生写2个词语，一个月后写3个词语，这就是看得见的进步。家长听完我的解释不再多问什么。一学期快结束的时候，全班学生都能在1分钟内把4个看拼音写词语准确地写出来了！时间管理之下，可以有可见的速度的提升。

2. 倒计时吃饭。

不管多好吃的饭菜也架不住每周都一个样。午饭成了一年级孩子的痛苦，磨磨唧唧，每次食堂阿姨都在催，吃快点、吃快点！可是一点儿用都没有。我想到了习课堂的倒计时，每次吃饭前我就打开倒计时：规定时间内吃完奖励 1Q 币，前 6 名吃完奖励 2Q 币；规定时间内吃完了，还填写好了《家校联系手册》，再奖 1Q 币。之后，我不多说一句废话。孩子们一边吃一边看着倒计时，再看看旁边的同学，加快自己的刨饭速度。我只做一件事："小涵第一个吃完，奖励 2Q 币。""还有最后一个 2Q 币，不知道会花落谁家。"从起初只有几个人在规定时间内"光盘"，到期末大多数学生都能在规定时间内"光盘"。

3. 倒计时收拾书包。

放学啦！一边收拾书包，一边闲聊，拖拖拉拉，10 分钟都不能排好队。中午吃饭能用倒计时，放学收拾书包为什么不能？老师说"下课，收拾书包"，立刻打开计时器。刚开始，学生一看 5 分钟的倒计时，觉得时间很多，不着急，随着时间一点一滴流逝，小不点紧张起来了，但为时已晚。书包是收拾好了，桌椅和地上卫生来不及弄了。刚开始，大多数学生 5 分钟内不能收拾好书包、摆放整齐桌椅并打扫干净身边的地面。有了实实在在的失败，我跟学生分析为什么时间不够：平时摆放要整齐，卫生要保持整洁，放学的时候就轻松。一学期的限时训练，现在 3 分钟时间，都能在走廊排好整齐的队伍等待放学了。

管建刚　　时间管理可以用在学生身上，可以用在自己身上，还可以用在宝宝身上——

顾孙煜

"自由读课文,时间 3 分钟!""自由背讲义,时间 2 分钟!""完成任务四,时间 5 分钟!"这样的习课堂语言,已渐渐成为我生活的一部分。

家离学校太远,为了防止自己迟到,以前我总是 6 点前起床,洗漱一通后驱车上班。夏天还好,冬天真不容易。即便这样,开车途中我总觉得会来不及。结果到校后发现,距离学生进校园还有 20 多分钟。时间管理后,我的生活规律了。现在的我,每天 6:15 准时起床,洗脸刷牙吃早饭,6:40 左右离家,到校时间基本固定在 7:15。停好车步行到办公室,正好学生进校门。一切的时间都刚刚好。上学期,我创下了连续二十天 7:15 准时到校打卡的纪录。把控时间,按时到校,既让自己得到充足休息,又不用担心上班迟到。

放学了,老师总会送学生到校门口。本着"赶早不赶晚"的原则,下课铃一响,早早让学生整理书包,排队到校门口。可这也有问题,各年级成百上千个学生一窝蜂涌向门口,这儿的学生和队伍走散了,那儿的学生找不到家长了,学生急,家长急,老师急。时间管理后,放学时间准了。课后延时服务,为避免拥堵,学校采取"分流放学",六年级放学时间是 17:40。没有放学铃声,一切时间都由自己把握。17:25 值日生打扫,17:30 收拾书包,17:33 走廊排队,17:35 出发。5 分钟过后,我带着班级出现在校门口。小钱同学曾惊叹道:"顾老师,你戴着隐形手表吧!怎么每次都这么准时!"卡准时间,准时放学,既可以避免校门口的拥堵,又不用让家长在校门口等待过久。

2019 年,小天使降临我们家庭。从那天起,我升级了,承担起了一项新的责任——陪玩。每每午睡前,小天使那充满童真的"我还不困,再玩一会儿吧",总让我丧失了抵抗力。所谓的"一会儿",可能是 1 分钟,可能是 10 分钟,甚至可能是 1 小时……这样一来,午觉时间不断往后推迟,原本下午的计划都要泡汤。现在的我,总会和自己孩子进行这样的对话:"请告诉我,你说的'一会儿'具体是多久?"一次两次过后,他也能够准确表达:"再玩 5 分钟""还要玩 10 分钟"……这么小的孩子对虚无缥缈的时间很难有具体的感知,我打开手机计时器功能,按照约定的时间让他自己输入数字并点击"开始"键,只要闹钟一响,小家伙就会乖乖收拾好玩具,爬上床午睡。这既可以逐渐培养孩子时间和规则意识,又可以省去众多睡前的苦口婆心或血雨腥风。

前不久,看了一本书,书中讲到一个人的成功有两个重要因素:一是专注,二是时间管理。习课堂的时间管理,改变了我的时间观,改变了学生的时间观,也正改变着我家宝宝的时间观。

> **管建刚**
>
> **没有时间观念的老师,教不出有时间观念的学生。要学生守时、有时间观念,老师首先要做到。这才是"明师"。**

> **樊小园**
>
> 习课堂,悄然改变了学生的上课状态,不再无所事事,不再无事生非。习课堂,也悄然改变了我的工作状态。整个上午,我都处于分秒必争中,否则习课堂的"当堂完成、当天批改、当天讲评、当天订正"就难以保证。

7:10,准备早读课的课件。每周比平行班老师少了一节品德、一节班队、五个晨会,我的语文时间极其珍贵。早读课的 20 分钟,也得备好课,有计划地上。20 分钟,读《古诗词三首》,读书上注释,读补充注释,这就需要把补充注释复制到早读课件中,补充注释课上不允许学生记笔记,只要求背诵、记在大脑中,早读课,挑一两个让学生记一记,需要记的在课件上标注为蓝色。每课时的读讲义,早读课也请学生再读一读。任务单上的填空也值得朗读复习。

7:20,修改第二课《乡下人家》第一课时的课件,插入计时器。

7:43 去教室。早读 7:50 开始，办公室离教室远，要提前去，任务单虽然跟课代表说过，早晨一到校就发下去，但他有点马大哈，有时会忘记。提前去，有问题可补救。早读的课件也要装进电脑，班主任非常细心，每天早晨到校她都会开好多媒体设备，节约了时间。课代表果然忘了发习课堂任务单，一个寒假过后，习惯又得重新培养。7:50 早读铃声响起，学生们按计划朗读。

8:10，晨会课铃声响。我走出教室，去教室旁的临时办公室批补充习题。用了一个晨会加一节课的时间批完一套补充习题。学生阳光体育活动的时间，我熟悉一下《乡下人家》第一课时的"任务一""任务三"。无意中发现，"任务二"的完成时间是 15 分钟，可是早晨修改课件时，PPT 上一个是 7 分钟，一个是 5 分钟，当时没看任务单就照着这个数字输入计时器了。马上跑到教室里去修改课件。

9:35，上第二节课。整节课，密切关注每一个学生的学习、作业状态，忙碌地管理、激励、示范。下课，催小组长把作业搬到临时办公室。四年级的任务单，作业量不少。虽然是第一课时，但是有听写，跟学生约定每次听写 8 个词语，一行 4 个，两行，留两行订正。《乡下人家》词语多，抄写 22 个，听写 10 个，每行 5 个。整套作业的听写批完，起码要 10 分钟。抄写多，填空的字多，初步判断，这一课的任务单无论如何也批不完。果然，像上了发条，一言不发，迅速打钩，第三节课下课铃响，还有两组没有批完。继续批了 10 分钟，冲去食堂，怕晚了没有饭。

11:35，吃完饭回到办公室，用 10 分钟批完最后一组。小助手马上抱到教室发掉。

11:50，讲评错得比较多的填空。给学生 7 分钟订正。

12:05，组长把订正好的作业收起来。交去办公室。我走出教室，轮到午自习的数学老师正巧走进班级。他说："好了？无缝对接。"我说："我控制好的，留 5 分钟让他们上厕所，喝水。"

12:10，午自习开始。我到办公室批订正。订正再错误的学生有，但不多。午自习下课，单独辅导一下，整套作业当天完成了。我回到行政楼的办公室，喝早上烧好的开水，处理别的事务。

第3节 时间管理案例

管建刚

作业做到 22:00、23:00 的小学生，主要原因是拖拉，不会时间管理。习课堂的任务驱动和时间管理，实现了"刚需作业不出课堂"。时间还是这些时间，钟老师的法宝——限时令。

钟少秀

第一道限时令：限时完成作业。

作业完成不限时，意味着不能按时收齐作业，收不齐作业意味着老师无法及时批改，意味着影响评讲订正，"刚需作业不出校门"便成了空话。按照任务单上任务二、任务四的建议时间限时完成。时间一到，必须停笔，全班收齐，哪怕没做完。"像考试一样作业，像作业一样考试"，只有这样，学生才有时间感、紧迫感。作业限时当堂完成，限时提交，未做完判错，倒逼学生课堂专注，不开或少开小差，避免课间做作业，保证学生课间休息时间。

［课堂限时］约 20 分钟，当堂完成（参考任务单建议时间）。

［操作要领］

（1）时间切割。

二年级学生缺乏时间规划，一次任务多，会顾此失彼。任务二、任务四的两次答题，插入 2 次闹钟，还不够。任务二、任务四要再切割。如《玲玲的画》第一课时任务二建议时间约 12 分钟，可以这样设置时间：第一题和第二题，8 分钟；第三题"拼一拼，默一默"拼写 4 个词，听默 4 个词，预留 2 分钟；还有 2 分钟课堂组织和课堂激励。再如第二课时任务四：第一题和第二题，8 分钟；第三题"读一读，记一记"，3 分钟；还有 1 分钟课堂组织和课堂激励。任务一和任务三的"读"，也要时间切分。如任务一，学生第一次自由读给 3 分钟，第二次自由读给 2.5 分钟。

（2）先易后难。

遇到不会做的题，想了想，做不出来，不要停留，赶快做后面的题，做完返回来做难题，限时作业"比"的是单位时间内谁快、谁好，做得快不一定做得好，但总比空着强。二年级学生第一次抄写生字词，先读，再观察，然后描红和临写两遍，有点费时。读完生字词后先描一遍，抄一遍，有时间，再抄第二遍，没有时间抄完，听默之前快速读一读生字词，这样正确率会好很多。

（3）抓习惯。

①准备学具的习惯。每天准备 5 支削好的 HB 铅笔，一把 18 厘米规格无色透明直尺，一边直线一边曲线。笔袋放在课桌抽屉右侧，课前将铅笔放在课桌前部的凹槽，直尺放在凹槽内侧，橡皮放在凹槽右侧，避免拿取任务单和语文书时碰到地上。学具乱摆放，上课捡橡皮、找直尺，会浪费时间；没有准备学习用具，向同学借也耽误时间。

②仔细读题的习惯。老师几次读题后，学生摸着了门道，也不愿浪费有限的时间，主动提出不需要老师读题，自己读题就可以了。读题也有技巧，默读完题目，勾画题干关键词，明白解题思路，知道怎样正确解答，再动笔写，事半功倍。

③书写规范的习惯。动笔之前要想好，三思而后行，避免出错，用橡皮既费时又影响书面整洁。"提笔即是练字时"，书写要做到工整美观，连线题或画线题要用直尺，两头对着端点，左手压实再连，不要一味只追求速度，导致书写不规范，老师会判错，会重写，欲速则不达。

④仔细检查的习惯。做完题目，一定要手指着逐行逐字检查，或者用直尺逐行下移检查，开始可以轻轻读出声，慢慢学会默读。《玲玲的画》第

二课时任务四第二题判断题的第 1 小题，几个学生漏做，懊悔不已，都是不仔细检查惹的祸。

第二道限时令：限时批改作业。

老师及时批改作业的目的，是及时检验学生学习成效。任务单批改不及时就不能实现当天讲评、当天订正。学生每次交作业后，也希望老师尽快批改，他们也想早点知道对还是错。

［批改限时］40 分钟。

［操作要领］

（1）合理规划时间。

批改任务单的时间，要按照当天的课表和其他事务提前做好安排。①要一鼓作气。如果正好有空当，静心批改，一气呵成再好不过。像要求学生那样，高度集中精力，勾勾圈圈，分类叠放。一课时的任务单，40 分钟之内批改完。②要见缝插针。如开会、教研等，没有整块时间批改，那就用好零碎时间，见缝插针批改。下课批几本，候课批几本，眼保健操批几本，午饭后批几本，等待会议前批几本……零碎时间用起来，积少成多。

（2）批改专业规范。

批改要打小勾，不打大勾，表示老师尊重学生做的每一道题，没做的可以打问号，不打叉。作业末尾右下角打上等级（不打分，文字、符号皆可）和日期。等级划分：正确规范为"优"，根据书写工整美观程度酌情加减星，有错即为"良"，慎用"合格"和"不合格"，可适当加上激励评语。批改一定要仔细，不要图快而忽略批改的准确性，批改错了，会误导学生，更尴尬的是家长看见，老师的专业性和专业态度会受到质疑。

（3）分类统计记录。

全部完成的一类，没有完成的一类；一课时任务单全对的一类，听默全对的一类、错一个的一类、正确率有进步的一类；书写工整美观的一类。

第三道限时令：限时评讲作业。

评讲也要限时。

[评讲限时] 8—10 分钟。

[操作要领]

（1）表彰有仪式感。

表彰环节千万不要省略，可以调动学生作业的积极性。全对的要表扬，书写进步的要表扬，正确率有进步的要表扬。被表彰的学生上台，老师郑重地颁发 Q 币，拍照留影，这个时候要有颁奖的背景音乐，满满的仪式感。

此环节 2 分钟。

（2）精讲典型错题。

①难字要评讲。二年级识字量大，生字掌握不牢固，将严重影响学生学习信心。老师要放大示范难字、易错字。②主观题要评讲。《日月潭》第二课时任务四"夸一夸日月潭"，学生齐读写得好的回答，如商杨艾汐写的："日月潭不管是晴天还是雨天都那么美，可以和'淡妆浓抹总相宜'的西湖媲美啊！"③拓展题要评讲。《寒号鸟》第二课时任务四的多选题"哪些原因让寒号鸟最后被冻死呢？"答案不是唯一的，要教会学生思考辨析。

此环节 5 分钟。

（3）评讲不看任务单。

老师评讲时，学生不翻任务单，确保专心听讲，眼睛看黑板和老师，边听边用心记，订正效益提高了很多。以前评讲，学生翻开任务单，老师讲，学生充耳不闻，忙着写，结果错误不少。

第四道限时令：限时订正作业。

没有订正的作业不是无效的就是低效的。有效订正是有效作业的"最后一公里"。大脑有"先入为主"的习惯，所以有错需要尽快订正。

[订正限时] 5—7 分钟。

[操作要领]

（1）统一订正要求。

一定要讲清订正的要求。订正花样百出，既增加学生的订正时间，也增加老师二次批改的时间。错拼音、错字怎么改？错判断题怎么改？错选择题怎么改？系列的订正要求都要告知学生。以错拼音为例：①先把错的拼音擦干净，原处改1遍；②错题旁的空白处改3遍，根据空白的情况，纵向或横向排列。句子添漏字、不通顺或标点符号错误：①错处擦干净；②低段原处上改（高段要求不同）。如果是作业本，则改在当次作业的后面。

订正格式老师要示范，书写要工整规范，排列整齐。

（2）订正激励评价。

时间到，全部收走，包括没有订正好的。第一次订正正确，盖章激励。那全对的学生是否吃亏了？不吃亏。一课时全对有两个章，任务二和任务四各一个章，还要奖励1Q币，一次全对相当于得了五个印章，不要太划算。所以优生拼命保全对，中上等生争取少错一点，订正又快又好，补挣激励印章。第一次订正又有错怎么办？发回第二次订正。酌情限时2—3分钟，收上来批改还有错，提醒警告。第三次限时订正如再有错，就扣激励印章。

限时订正，老师都要在场激励。需要特别关照的学生就那么几个。在订正限时的激励下，我们班的作业困难户学生提速很多。如果老师不能保证订正时间在场，要充分用好小老师。

（3）有效利用时间。

老师主要干两件事：一是激励先订正完的学生读任务单，读既是检查也是巩固，读完的学生继续背奖励题；二是辅导后进生。学霸也可以当小老师，给认真读和背的同学盖激励章。

第 4 节　习课堂的时间特质

> **管建刚**
>
> 习课堂有三大管理：任务管理、时间管理、课堂管理。时间管理是容易忽视掉的习课堂特质。习课堂每一节课都要用 5—8 次计时器。

> **腾男男**
>
> ### 1. 时间具象化。
>
> 5 分钟多长？5 分钟可以完成刷牙洗脸；5 分钟可以是一首歌的时间；5 分钟可以跑 500—1000 米……5 分钟可以干很多有价值有意义的事情。习课

堂的每一个任务都有时间预设，读字词的时间、读课文的时间、读关键句段的时间、写的时间、背奖励题的时间。计时器下，低年级的孩子也能感受出时间的长短，比如 1 分钟可以写 8 个字左右；2 分钟可以读一遍课文；10 分钟可以完成任务二……每个任务都有相应的时间要求，学生读书、作业就不会拖延。

2. 任务分钟化。

一节课 40 分钟，学生的注意力无法全程在线。习课堂将学习任务分成"读—习—读—习"，每个任务又具体到分钟，小任务和小时间就像闯关一样。3 分钟自由读，8 分钟完成任务二，6 分钟完成任务四，任务和时间结合在一起，那就是效率。

3. 时间可视化。

沙漏、发条计时器、电子小闹钟、希沃白板的计时器……用下来还是

PPT 插入计时器最便捷、最直观。不仅课堂上用计时器，课前准备、打扫卫生、小测验都用计时器，学生你追我赶，做事不拖拉。家长也在学生的日常生活中用计时器，不再说"再看一会儿就不看了""只能再玩一会儿了"，而是打开闹钟，铃声响自动停止。

4. 时间次序化。

没有时间观念的人，做事往往没有条理，没有规划。还没读题就开始做题，还没有复习就开始预习。习课堂的任务次序清晰明了，读好了课文才能做题目，记住了课文才能完成思维导图，读好了阅读资料才能答题……每天都这么有序地学习，就会成为一个有秩序感的人。有时间观念的人，往往还具有契约精神。《儿童时间管理全书》中说，人与人之间的差距不是情感也不是智商，而是对时间的把控。

管建刚：**时间最公平，也最伟大。时间管理太迫切了。习课堂上，孩子的时间观念、时间意识就是不一样，因为每一节课都跟计时器为伍，每一节课都在用好零碎时间。**

张晓玲：上了习课堂，最大的感触是时间真是变宝贵了。计时读课文，计时写任务单，计时收拾桌面，计时上厕所，计时吃饭，计时值日，计时阅读……一年又一年，孩子的时间意识不一样了，体会到用好零碎时间所带来的轻松学习。

以往自由读课文，我会要求他们读 1 遍或 2 遍。可是，读得快的学生读完了就无所事事、浪费时间了。读得特别慢的，全班都在等，等的过程有孩子坐不住了，东张西望的，既浪费时间，又影响课堂纪律。习课堂，任务一和任务三的自由读，不会说"自由读课文 1 遍""自由读句子 2 遍"，而是说"自由读课文3分钟""自由读3、4自然段2分钟""自由读难读的句子30秒"。口令"时间不到,朗读不停"一出,每个人读的时间是一样的,每个人都用好每一秒钟。能力强的可以读3遍,能力弱的可以读1遍,甚至0.5遍,关键是用好每一秒钟。规定的时间里能读几遍就读几遍,慢的学生也可以按照自己的节奏认真读。孩子为了得到激励印章,倒计时的声音未响起,头都不抬一下,专心致志。很多学生课文上完,不少句子、段落都能背出来了。人是有差异的,学习的步调不可能一致,自由读"读时间",把零碎时间用到极致。

任务二和任务四的"写",速度也有差异。任务二10分钟,优等生6分钟便完成了,怎么办?习课堂有奖励题。任务四也是如此。习课堂任务单,一年级的奖励题是《弟子规》节选,二年级是400个成语,三年级是《声律启蒙》《笠翁对韵》节选,四年级是小古文,五年级是《论语》金句,六年级是中学课文里的古诗文名句。每一课时都有奖励题,六年下来了不得。奖励题,比积累语言更有价值的,是培养学生"用好零碎时间"的习惯。

两年的习课堂,孩子的时间观念悄然改变。以前默写一首古诗3分钟,现在1分钟左右便能完成;以前听到上课铃声,总有学生慢吞吞地进教室,现在都是小跑;以前,收任务单拖拖拉拉,现在我一个手势或一句"倒计时",学生瞬间行动起来。

管建刚

双休日,少有老板给全体员工布置工作任务的;双休日,几乎没有老师不给全体学生布置学习任务的。双休日不给学生布置作业的学校,反而会引起家长的恐慌——这所学校怎么双休日让学生纯玩?学生的元旦、清明、端午、五一、中秋、国庆几乎都是在"加班"中度过的,放假的时间越长,"加班"的学习任务就越重。更要命的是,谁也没有觉得这有什么不对劲。

课上老师讲讲讲、问问问，该在课上完成的课堂作业大多在课间做。所以，课间10分钟绝大多数学生都在急匆匆赶作业。一到上课铃声响，孩子才急匆匆地从教室里冲出去上厕所。午餐在学校的，餐后的一两个小时，学生不是在写作业就是在订正作业。作业天天有，课堂作业、回家作业、语文作业、数学作业、英语作业，作业有错天经地义。什么时候订正作业？课程表上从来没有订正作业的课，午间便成了订正作业的黄金时间。后进生的作业总会拖拉。后进生往往各科都比较差，有的用副科时间抓后进生，有的放学后抓后进生。放学后，办公室里或坐、或站、或趴着一堆学生。

寒暑假参加各种班，有线上的也有线下的，有的家庭找不到补课老师，只能简单粗暴地要求孩子多写作业，家里鸡飞狗跳，硝烟弥漫。时间不仅消耗在学习上、作业上，还消耗在"关于学习""关于作业"上。一年到头，学生几乎没有一天没有学习任务。教育就是这么不计时间成本地投入。在成人的眼里，儿童的时间闲着也是闲着。当教育可以不计时间成本，工作效率一定低下。效能＝任务÷时间。工作效能不好，第一想到的不是提高能力，而是增加"时间"投入——这个时间的主要投入者不是教师，而是学生。在学习任务基本确定的前提下，你的学生花3个小时完成任务，跟我的学生花6个小时完成任务，从结果来看完全一样。那我有什么必要下工夫提高自己的能力呢？只要增加学生的时间成本就可以了。这就是缺乏公平的竞争。缺乏公平的竞争必然导致恶性竞争。

减负的根本不是减少作业，而是减出学生的闲暇时间。闲暇时光，发呆时光，是儿童期特有的价值时光，是儿童最富足的体现——只有时间的富翁才可以拥有。儿童应该是时间的富翁，成人打着"学习"的旗号不计成本地挥霍儿童的时间，从上课到课间，从课间到课后，从学校到家庭。"闲暇之时间如室中之空隙"。走进塞满了东西的房间，扑面而来的是压抑，是烦躁。

没有闲暇感的儿童过的不是童年。

能不能把课间的作业放到课堂上完成？能不能把订正作业的时间放到

规定的课程里完成？能不能培养学生的时间意识和时间观念从而提高效率？能不能把宝贵的课堂 40 分钟的每一分钟都用起来？能不能把时间成本作为衡量教学成效的一个重要指标？这是习课堂的思索、实践和使命。

第七部分

习课堂读写

第 1 节 读书"八不"

管建刚

"读"是语文学习的根。语文课应该是读书课，每一个学生都在读啊读。读书最怕拖调，"拖"走了时间，"拖"低了效率，"拖"来了惰性。怎么治拖调？

王 琴

习课堂前，我以为学生读齐了就行，拖调无妨。结果，"拖调"背后的一系列问题出现了。低年级学生朗读为什么容易拖调呢？

（1）唱读严重。

幼儿园经常"唱读"儿歌。一年级学生没有从"唱读"中走出来，于是很容易出现拖调。齐读为了"齐"，学生会放慢读的速度，也容易造成拖调。读到"的""地""了""着"，特别容易拖长音调。

（2）课文不熟。

低年级学生识字量少，词语积累少，生字新词成了拦路虎。不熟悉课文，经常回读、重读、拖音读。朗读不拖调的前提是熟悉课文内容。能背的课文学生都不拖调，就是这个原因。

（3）示范不足。

面对拖调，很多教师只是提醒"不要拖调"，或者示范读一两遍。课文哪些词语要连起来读，哪些字要轻声读，哪里要停顿等，教师的示范读要清楚自己要示范什么。有效的示范读要注意三点：①适度夸张；②小步子示范；③反复示范、反复跟读。

怎么治"拖调"？

（1）"面"上，教师范读。

低年级学生向师性、可塑性强，教师范读对他们的朗读影响大。要让学生读书不拖调，教师就要经常给学生示范什么是正确、流利的朗读。有拖调毛病的班级，早读可以先带着学生一起读，教师示范读一句，学生跟读一句，出现拖调问题，及时打断再次范读，学生再跟读。如此，习课堂上也能完成四个任务。

（2）"点"上，具体训练。

怎么读，教师课上要教。①词语朗读，低年级的习课堂，每课时的任务一都有词语朗读，引导学生以词为单位进行朗读，避免一字一字地朗读，每个词语读上两遍，伸出手指，边读边点，有一定的速度；②短语朗读，要注意助词的轻读，比如"又大又圆的西瓜"中的"的"要又轻又短，可以只读半声，搭配词组一定要连起来读，改变以往的"唱读"；③句子练读，学会断句，习课堂任务三中有很多长句子，哪里该停顿，哪里要连起来读，做到心中有数。具体的词、短语、句子训练，从"点"上帮助学生做到朗读不拖调。

（3）"线"上，读正确、读流利。

一年级朗读训练的重点不是有感情，而是正确、流利。读正确就是

"不多字、不漏字、不错字"；读流利就是"不读破、不疙瘩、不卡顿、不回读、不拖调"。课上要保证每一个学生有充分的读书时间，才能确保学生每篇课文做到"八不"。习课堂的"读"是人人读、齐读、自由读，一个都不能少。以往，语文老师在分析和讲解上的时间太多，留给每一个学生的读书时间太少，习课堂做了非常大的突破和改变。

管建刚：

"流畅的读"是"理解的读""思考的读"的基础。"流畅的读"就是要做到读书"八不"。怎么做到读书"八不"？

张 怡：

1. 读课文，不能蒙混过关。

习课堂将70%的课堂时间还给"每一位"学生读、背、写，第一课时的任务一读全文、读词语、读句子、再读全文；任务三读全文、读关键段落、读关键句；第二课时的任务一和任务三以读关键段落、关键句为主。读不好的地方，我会及时示范，告诉学生什么叫正确地读，什么叫流利地读；表扬好的朗读，告诉学生读书"八不"是练出来的。"表扬小宋，虽然读得比较慢，但是每次读到疙瘩的地方，就反复读两三遍，直到读正确为止，怪不得现在读得越来越流利了。""表扬小汤，每次自由读都张大嘴巴去读，每个字都读清楚、读正确，不确定的字主动举手问老师。"如此，学生明白读书的"八不"是自己认真练出来的，只要每节课、每次读都认真对待，按照要求去读，朗读就一定会有进步。

正确、流利的朗读是理解性朗读、思考性朗读的前提和基础。很多中后等生阅读理解上的问题，都是基础的问题，读不正确、读不流利的问题。基础没有抓好，迫不及待地盖房子，房子一定会倒。

2. 读短文，不能压缩时间。

以前我认为学生阅读理解错得多，是理解力差。习课堂后才明白，阅读理解做不好的根本原因是读得不充分，很多后进生做阅读题，短文都没完整地读一遍（更别说"八不"了），便开始答题了。于是，我不断向学生强调"读"的重要性，经常提醒学生"短文一定要多读几遍"，经常喊口令"不读熟"，学生答"不动笔"，效果依然欠佳。

管建刚老师建议：短文要单独设置读的时间，才能真正把"不读熟，不动笔"落实到位。我照做了。备课时，每篇短文我都自己先读一遍，如果我读这篇短文需要 2 分钟，我就设置 3 分钟让学生自由读，和读课文一样"时间不到，朗读不停"，后进生基本能在我规定的时间里读完一遍，中等生、优等生在读第二遍时可以对照着题目，有针对性地去读关键段落。每篇短文都如此，所有的学生一起在规定时间里读短文，读完才动笔答题。一次次的训练中，学生真正明白了什么叫"不读熟，不动笔"，慢慢的，我们班的阅读理解的得分率有了明显提高。

3. 大阅读，一个也不能少。

苏霍姆林斯基在《给教师的建议》中提到："想要减轻后进生的脑力劳动，最有效的手段就是扩大他们的阅读范围，必须使这些学生尽可能多地读一些书。"当初读到这句话有些不以为然，后来询问小万、小田、小汤为什么这学期的阅读理解有了很大进步，他们都不约而同地说"因为一直看书"，我才信了。

假期里，小田除了看我推荐的《鲁滨逊漂流记》《呼兰河传》等书外，还看了《皮皮鲁传》《福尔摩斯探案集》等自己感兴趣的书籍。小万看了电视剧《狂飙》的书籍版，还有一些军事类、历史类的书籍。小汤说："看了《鲁滨逊漂流记》，觉得这个故事非常有趣，慢慢的，其他书也越看越起劲。"原本阅读题基本放弃的小万，现在 35 分的阅读题能拿到十七八分；原本阅读题很多都空着的小汤，35分的阅读题也能拿一大半的分数；原本读书都疙疙瘩瘩的小田，35分的阅读题能拿到三分之二的分数。

习课堂把70%的课堂时间还给每一个学生，学生铆足了劲儿完成了"刚需作业"，课后再让学生写作业，学生会反感：课上写作业，课后写作业，写写写，烦死了。我们要把节省出来的时间还给学生大量阅读，才是提高学生语文兴趣、提升语文能力的正道。

第 2 节 自由读怎么读？

管建刚

"自由读"不是"随便读"。习课堂上有大量的自由读，自由读如何有质量？

张颜笑

第一招：自由读体态标准化。

自由读不认真的学生，或脑袋埋于课本内，或双脚打结、岔开，或没有摆好读书手势。读前准备姿势都是松松垮垮的，无精打采的，读的时候自然没有精气神。所以，自由读前我会巡视：（1）学生两脚并拢，背挺直，右手手臂立于桌面，手指示意朗读遍数；（2）课本稍稍往外斜，人脸高于课本高度，避免"书挡脸"；（3）两眼注视即将朗读的内容，如果朗读内容在书本左半页，看是否有注视右半页的学生。老师努力确保"每一位"都保持良好的读前肢体准备。

在自由读中，我会轻拍学生的手肘，提醒他们矫正不规范的肢体动作。遇上"困难户"，我会托起学生垂下的脑袋，俯下身让学生两脚并拢，扶起学生消失的数字手势。

第二招：自由读速度可视化。

在自由读中，习课堂要求学生伸出手指记录遍数。手指便于老师了解学生的读书速度。然而学生之间无法相互了解，激不起赶超的欲望。于是我制定了如下自由读规则：限时自由读，读完老师制定遍数的学生（如2遍），起立后双手捧书继续读。继续读的内容为以下几类：朗读疙瘩的、印象深刻的、要求背诵的词句段。朗读速度磨蹭的同学一下能觉察到同伴的速度，注意力更集中了。起立读，还是读书荣誉。学生的努力被放大、被看见，朗读的动力更足。起立读，可以自主选择读的内容，给学生创造个性化的朗读空间，做到"时尽其用"。

此后，自由读的状态一改从前。小邓说，她很喜欢起立后自主选择朗读片段，有选择的朗读帮助她巩固了先前朗读中卡壳的词语。小李认为自主选择的朗读是加餐的奖励，鞭策她专注朗读，提升朗读速度，以便获取额外时间强化重要段落。

第三招：自由读任务可操作化。

不多字、不漏字、不错字、不磕绊、不回读、不卡顿、不读破、不拖调做到位了，第二课时的自由读可以细化要求。以部编版三上《铺满金色巴掌的水泥道》为例，第二课时自由读3—9自然段的要求是"边读边体会水泥道的美丽"。如何体会水泥道的美？片段中的三个比喻句是好抓手，我设置了细化的要求："自由读3—9自然段，边读边画出三个比喻句，思考分别把什么比作什么，体会水泥道的美丽。"再以《海滨小城》为例，第4自然段写到了小城里树的三个特点。考虑到三年级学生概括能力尚处于起始阶段，老师可以采用半填空式的方法搭建支架，降低概括难度。所以，第4自然段的自由读要求细化为："自由读第4自然段，思考作者从哪三个方面写小城的树？补充小标题：树的＿＿＿＿＿多、树的＿＿＿＿＿浓、树的＿＿＿＿＿美。"

学生带着具体的任务自由读，注意力集中了。自由读的问题设置要注意两点：(1)"读"与"习"的内容密切关联，真正做到"读"为"习"解惑；(2)问题不宜过深，通过圈点勾画的方式基本就能找到答案，做到思考留痕。特别提醒：不要当堂解答问题，不然，任务二、任务四的答题就成了变相的抄答案。

管建刚：学生自由读，老师当然要去"听"，那到底"听"什么？

1. 听"读清楚"。

张怡：有的学生，读着读着变成了默读；有的学生，读着读着发呆了。自由读的音量是多少？以老师的角度来衡量，站在同桌边上能听清楚他的读书声。

爸爸妈妈离婚了，小吴上课无精打采，读课文几乎没有声音，凑到她耳边，才能勉强听到点声音，读着读着，她的嘴巴有可能就不动了，开始发呆了。小吕十分内向，下课从来没听到她和别人交流，自由读课文，眼睛时刻盯着语文书，声音却极轻，别人一开口她的声音就淹没了。小赵的基础没有小吴、小吕好，但她每节课都读得清楚、响亮，我查看了她们的任务单，小赵的正确率明显高于小吴和小吕。可见，自由读的声音和质量有着密切关联。

2. 听"读正确"。

高年级学生认为"读正确"是小事。学了《宿建德江》，我发现很多学生不会读"渚"。这首古诗，课上每个人读了20分钟，且书上有注音，PPT

上也有"泊烟渚"这个词，怎么还不会读？后来才明白，我俯下身子去听读，没有关注学生读得是否正确，尤其没有关注那些拼音薄弱的学生，书上的拼音对他们没什么帮助，照着拼音拼读也会错。读过不代表读正确。

习课堂的备课要求老师自己读课文，把容易读错的字圈出来，学生自由读、齐读时要特别注意这些字，如六年级上册《桥》这篇课文里，像"势不可当"的"当"、"一哄而散"的"哄"、"粘上"的"粘"、"蹿上来"的"蹿"，这些都比较容易读错，学生自由读课文时要重点听。

3. 听"根据要求读"。

习课堂第一课时的第一次自由读的要求是"注音字词读正确，不会读的问老师"，第二次自由读的要求是"多字、漏字、错字的地方读 3 遍"，第二课时的要求是"读正确，读流利"，每篇课文都如此，这几句话学生都可以背出来了。然而，越熟越不当回事。不少学生遇到不认识的字随便读，没有"问老师"，多一个字、漏一个字无所谓，没有做到"多字、漏字、错字的地方读 3 遍"。

《桥》第一课时的要求是"多字、漏字、疙瘩的地方读 3 遍，注意短句的停顿"。我有目的地去听"读短句停顿"的学生，小邹读"像泼，像倒"，中间是停顿的，读出了雨势之大；小贾读"水，爬上了老汉的胸膛"，"水"后面停顿了一下，读出了紧迫感。我表扬了小邹、小贾"注意短句的停顿"，照着要求去读书。学生由此明白，"要求"的重点不是读，而是"怎样"读。

管建刚

带着目的去"听"才能听出名堂，"自由读"才不会成为"随便读"。习课堂上的"自由读"，不是读"遍数"而是"读时间"，人人读，限时读。

> 李　冶

同事借班上《蜘蛛开店》，嘱我让学生把课文读正确、读流利。这要在以前，我会很忐忑，至少用一节课"手把手"带学生读，回家作业还要学生读，第二天早读课检查读。即便如此，还是不能保证学生都能读正确、读流利。现在，我用午自习的时间，学生就"正确、流利、不拖调"地读好《蜘蛛开店》。

《蜘蛛开店》共 347 字，我在语速稍慢的情况下读完全文，共 1 分 38 秒。根据我的了解，所有学生读完一遍课文在 3 分钟左右。第一次自由读，保证全体学生读完一遍，后进生也要有充足的时间扎扎实实去读，并读正确。我将时间设置为 6 分钟，第一遍，有不认识的字自己拼读或问老师，要求读正确；第二遍，第一遍要拼读的生字词语，能够直接读出来。

我说"自由读课文，要求——"，学生回"不认识的字可以自己拼读，也可以问老师，生字新词读正确"。"倒计时准备！"熟悉的场景启动，学生端坐着身子，书本微微倾斜，右手搭在书本的右上角，准备用手指头示意读书遍数。"开始！"学生一下子都投入读书中，神情专注，口型大大小小、扁扁圆圆、张张合合。我站在前面，快速扫视全班，扫到了小若，她涨红了脸，卖力地读着；小馨双臂打开，挺直身子，头微微向上，眼睛紧紧看着书本；小瑾的嘴巴顿了顿，看来她在拼读生字。我迅速走下去给小若和小馨敲激励印章，又快速来到小瑾身边，仔细听听，虽有停顿，好在拼读正确，也给她敲上了激励印章。

由于自由读时间设置比平时长，学生可能会松懈，脚步就是管理，我走得更勤快了。有时站立看向全班，有时弯腰俯身、半蹲在学生身旁，与个别学生平视，看他们的目光和口型。我还会"声东击西"，听身旁学生朗读的同时，转过头看隔壁小组学生的眼神和口型。小敬和小洋读课文不专心，总是偷看我，我也会"偷看"他们。看向小敬，一直看着书本，我给他敲了一个激励印章，并附耳表扬他的专注。小可的手势表明已经读完了三遍，每次看她，她都没有抬头看老师，也没有看边上同学读的遍数，一直都沉浸在自己的朗读中。自由读结束后，我立刻聚焦表扬："小可6分钟的时间，她没有停下来多休息一秒，她一直低垂着眼帘，没有抬头看老师，没有抬头看时钟。从她的口型看出，她一直在争分夺秒地朗读。表扬她的专注力！"

学生由此明白，老师可以"一心二用"的，老师在其他小组走动，"心"却可以牵挂着自己这边。接下来设置5分钟、3分钟的自由读，我继续巡视、激励，得到印章的学生越来越多，课文读得越来越流利了。三次共14分钟的限时自由读后，一次齐读课文，读正确、读流利了！习课堂的限时读、人人读，教师组织、管理、激励，真是个宝！

管建刚　习课堂重视自由读，自由读给每一个学生充分的"读"的时间。低年级习课堂还能怎么读？

陈　晓

1. 跟老师读。

低年级学生不懂什么叫"不拖调"。示范和跟读，学生才知道什么样的速度是不拖调的。跟读也有技巧：（1）起初，我的声音会比较响亮，强化朗读的速度，大家能跟上速度了，我便放低音量；（2）遇到长句子、容易拖调的地方，要"切碎"了读，一个词一个词地跟读，一个短语一个短语地跟读，半个句子半个句子地跟读；（3）读完，马上表扬速度跟上的学生和小组，学生知道了自己的努力方向，劲头也更足了。有效示范、及时表扬，最简单最有效的方法。

2. 打拍子读。

遇到"的""着""了"以及句末是第二声、第三声的字，拖调又犯了。

怎么办？打拍子读。二年级的课件中常有读短语，比如"蓝蓝的天空"。这一短语从音乐节奏的角度讲，第一个"蓝"和"天""空"，每个字的节拍都应该是一拍，第二个"蓝"和"的"应该是半拍。孩子们往往容易在"的"字上读成一拍。于是，我在"蓝蓝的天空"的"蓝"和"的"下面画了一条线，就像音乐上的减时线，代表半拍。我读"蓝蓝的天空"，孩子们跟读。我读"五颜六色的花朵"，孩子们也能读对。"的"和前面的字连起来只要读一拍。这样的办法很适合低年级。

3. 调音量读。

齐读中，个别学生的声音特别响亮，大家容易跟着他走，一旦他拖调了，整班全拖调；一旦他读快了，全班都快起来，导致不齐；一旦他读错字，部分学生会跟着错，还有学生会嚷着纠正，瞬间教室一片凌乱。怎么办？我跟学生们说明：齐读要"和谐"，什么叫"和谐"？响亮的，要放轻一点；不响亮的，要放响一点。我跟太响的学生约定，如果老师走到你的身边做了一个手往下压的手势，说明你要"暂停"，听一听其他人的音量，不要急着出声读，张开嘴巴不发出声音，再一点一点提高音量，音量合适了，会看到老师竖起的大拇指，就保持这个音量。很快，课堂上突兀的读书声没了。

管建刚　　**高年级的习课堂，怎么读更有效呢？**

顾孙煜

1. **自由读课文。**

我们班配合管理口令"双手拿书,大声朗读",学生书本平放,右手握拳,垂直桌面,做举手状,读完一遍伸出一根手指,读完两遍伸出两根手指,方便老师及时了解学生的读书进度。自由读,书为什么"平放"?因为学生双手拿着书,还要伸出手指,别扭不说,很大程度还会影响自由读的连贯性。

2. **齐读课文。**

配合管理口令"书捧起,稍倾斜",学生双手握住书本的中下部,语文书稍稍往外倾斜,做好齐读准备。齐读为什么要拿起书?齐读齐读,整齐响亮必不可少。平放的话,学生会低着头读,那声音就是朝下传播的,响亮的要求很难实现。面向前方朗读和低头朗读,给人的精气神完全不一样。

3. **合作读段落。**

配合管理口令"男/女生,书捧起,稍倾斜""女/男生,说坐正,就坐正",两个口令分工明确,男生捧起书本朗读,女生书本平放坐正聆听,反之亦然。如此一来,无论朗读方还是聆听方,都精气神饱满。为什么两方学生都要完成指定动作?曾经我也只注重齐读的一方捧起书即可,久而久之,聆听方总有人耷拉着脑袋,并未真正聆听。强调聆听方的坐姿,既是对朗读者的尊重,同时也能让学生打起精神。

4. **齐读关键句段。**

配合管理口令"小身板,挺起来""小眼睛,看屏幕",先调整坐姿,再把注意力集中到屏幕上,为齐读课件上的关键句做好准备。为什么要用两个口令?完成注意力的转移,的确只要一个"小眼睛,看屏幕",可有的学生坐姿松松垮垮，精气神很难体现。"坐得神气，读得精神"这个道理大家都懂。

5. 齐背关键词句。

配合管理口令"说不看，就不看"，能背诵的学生双手垂直桌面，捂住眼睛，做好齐背准备，没有背出的学生则以读代背。为何如此？（1）老师一眼就看出多少人能背了；（2）一般不会有滥竽充数的情形了；（3）有效化解了没有背出的学生的尴尬——会背的都捂住双眼了。

第3节　这样读学生懂

管建刚

任务一、任务三，读课文、读段落、读关键句、读关键词。读什么，教师版任务单上有；怎么读，教师版任务单上没有。樊老师的招儿——

樊小园

1. 关联式引读。

习课堂有配套的PPT，这是基础版，备课时老师要修改。除了插入计时器，还要根据任务一、任务三的"读"，微调课件，如圈画字词，设置动画等。六上《夏天里的成长》自由读第3自然段后，读三个关键句——

◎草长，树木长，山是一天一天地变丰满。

◎稻秧长，甘蔗长，地是一天一天地高起来。

◎水长，瀑布长，河也是一天一天地变宽变深。

从任务二的习题知道，要读懂三句话分别写"山""地""河"在夏天的迅速成长。这是第3自然段内容理解上的难点。这三个关键句老师不做任何"点拨",学生一味地读、读、读,比较难懂。我先要求学生读通顺,读出节奏;在读流利的基础上,课件依次圈出"山""地""河",老师圈一个,学生齐读一个;最后用"因为……所以……"引读,老师读"因为草长,树木长,所以——",生读"山是一天一天地变丰满"。如此,学生在读好句子的基础上,也完成对段落内容的正确理解。后面做相关的思维导图、阅读理解,正确率都很高。

习课堂任务一、任务三的读,如果老师只照着教案、照着课件,对学生一次次下达"读段落""读句子"的命令,有时学生会一头雾水。《夏天里的成长》三个句子,多了"圈读"这一小步,学生豁然开朗。当然,还可以用"虽然……但是……""不但……而且……""如果……就……"等关联词来引读。

2. 沉浸式引读。

习课堂任务一、任务三,"沉浸式引读"用得比较多。何为"沉浸式引读"?请看四上《麻雀》第二课时任务一的教学片段。

齐读第4—6自然段后,读关键句——

◎猎狗慢慢地走近小麻雀,嗅了嗅,张开大嘴,露出锋利的牙齿。

◎突然,一只老麻雀从一棵树上飞下来,像一块石头似的落在猎狗面前。它挓挲起全身的羽毛,绝望地尖叫着。

◎可是因为紧张,它浑身发抖,发出嘶哑的声音。

◎可是它不能安然地站在高高的没有危险的树枝上,一种强大的力量使它飞了下来。

读关键句的目的是让学生感受老麻雀的形象,体会爱的力量。教学时,逐句出示,重点指导学生读好前两句,尤其是第二句。通过齐读、圈读动作、示范读、看插图等方式指导朗读。

在学生读出满意效果后,紧接着老师带感情引读:"老麻雀用自己的身躯掩护着小麻雀,想拯救自己的幼儿,可是——"学生接读第三句"因为紧张，它浑身发抖……"。在老师的情感引导下，学生一遍就把句子读好了。老师再次引读："在它看来，猎狗是个多么庞大的怪物啊，可是——"学生接读第四句"它不能安然地站在高高的没有危险的树枝上……"。

这样的引读，教师用自己的情感感染学生，双方的情感同步，都沉浸在对"老麻雀"精神的感悟中。读完句子应该读讲义：一只勇敢而奋不顾身的老麻雀，爱的力量多么伟大。然而，我还未出示讲义，学生就自然地说出了"这是一只勇敢、奋不顾身的老麻雀"。朗读到位了，情感就到位，理解就到位。教师的沉浸式引读，能有效帮助学生理解所读内容。

3. 点拨式引读。

有的内容学生无法"读"懂。教师可以用简短的话进行点拨。《夏天里的成长》第二课时，自由读第 2 自然段后，读关键句——

◎生物从小到大，本来是天天长的，不过夏天的长是飞快的长，跳跃的长，活生生的看得见的长。

◎你在棚架上看瓜藤，一天可以长出几寸；你到竹子林、高粱地里听声音，在叭叭的声响里，一夜可以多出半节。

◎昨天是芭蕾，今天是鲜花，明天就变成了小果实。

◎一块白石头，几天不见，就长满了苔藓；一片黄泥土，几天不见，就变成了草坪菜畦。

◎邻家的小猫小狗小鸡小鸭，个把月不过来，再见面，它已经有了妈妈的一半大。

从任务二的练习题可知，读这五个句子，目的是理解第 2 自然段的总分写法，知道第一句是段落中心句，后面四句具体写"飞快的长，跳跃的长，活生生的看得见的长"。因此第一句重点读，指导读好"飞快的长，跳跃的长，活生生的看得见的长"，后四句每一句朗读结束，我都用简短的语言进行"点拨"。

第二句，重点读好"几寸""半节"。我点拨：瓜藤以肉眼可见的速度生长，竹子、高粱拔节的声音清晰可闻，这就是——学生齐读"飞快的长"。

第三句，引读词语"苞蕾""鲜花""小果实"。我点拨：昨天是苞蕾，今天是鲜花，明天是小果实，一天一个样儿，这就是——学生齐读"跳跃的长"。

第四、第五句，读后我点拨：原来没有的，现在都有了，这就是——学生齐读"活生生的看得见的长"；小猫小狗小鸡小鸭长得这么明显，这也是——学生齐读"活生生的看得见的长"。

用简短的话"点拨"，跟习课堂的"管住嘴"并不矛盾。"点拨"不等于"讲问"，几秒钟便可以让学生读得更明白，更动情。关于"点拨"需要警惕两点：（1）语言不要啰唆，点到为止，更不能陷入"繁琐分析"；（2）不能提前揭示答案。有的老师看到学生的练习正确率不高，想方设法在朗读中把"答案"透露给学生，甚至把"答案"出示在课件中，这违背了习课堂训练学生独立思考的初衷。

任务一、任务三的"读"，习课堂任务单给出了一个基础款。不满足于基础款的老师，想要个性款、豪华款，则要在不破坏习课堂的"承重墙"前提下，发挥自己的创造。

管建刚　习课堂上，老师可以少讲、不讲，这得益于"以练代讲"和"以读代讲"。

周　静　我以四下《猫》第一课时为例，谈谈任务单上的"以读代讲"。

1. 引读。

第一课时任务一的"读"，先自由读课文，然后读词语，读难读的句子，再自由读课文。主要是扫除朗读障碍，学生通读课文，熟悉课文内容。第一课时任务三的"读"，主要是读段落。学生自由读完课文《猫》后，师生合作读第1—4自然段。教师读第1自然段"猫的性格实在有些古怪"，学生读第2自然段；教师读第1自然段，学生读第3自然段；教师读第1自然段，学生读第4自然段。为什么这么读？因为第2、3、4自然段都围绕着第1段来写猫的古怪性格，第1段是中心句。教师反复读第1段，强调猫的古怪性格。

那么猫的古怪性格具体表现在哪里呢？又可以通过"读"来理解。合作读第2、3、4自然段。教师引读"说它老实吧，它的确有时候很乖""说它贪玩吧""它又是多么尽职""它要是高兴，能比谁都温柔可亲""它若是不高兴啊""它什么都怕""可是它又那么勇猛"，引读这些相反性格的句子，学生读相应的部分，马上能感受到猫的古怪。

满月的小猫的特点是"淘气"，教师引读"满月的小猫们就更好玩了，腿脚还不稳，可是已经学会淘气"，女生读小猫们淘气的表现；教师引读"满月的小猫们就更好玩了，腿脚还不稳，可是已经学会淘气"，男生读小猫们胆子越来越大后的淘气。最后教师点明"所有的淘气都是可爱"，学生齐读句子："你见了，绝不会责打它们，它们是那么生气勃勃，天真可爱！"不管是古怪的猫还是淘气的猫，最终都是可爱的，老舍对猫都是喜爱的。

这样的读能有效帮助学生理清思路，整体把握课文。这样的"读"跟思维导图一一对应，连学困生都能答出来。

2. 分步读。

比如写猫的贪玩："可是，它决定要出去玩玩，就会出走一天一夜，任凭谁怎么呼唤，它也不肯回来。说它贪玩吧，的确是啊，要不怎么会一天一夜不回家呢？"初读，学生没有读出猫的贪玩。于是我让学生读关键词"一天一夜"，读慢一点、重一点。随后读关联词"任凭……也……"，再读句子。接着读反问句"怎么……呢"，语调上扬。如此一步一步，学生完全读出了猫的贪玩。

比如写猫的尽职："它屏息凝视，一连就是几个钟头，非把老鼠等出来不可！"读"屏息凝视"，我的手掌朝下，往下压，用手势提示学生要轻轻读，"几个钟头"要读得长一点、重一点，语调慢慢上来，到"非把老鼠等出来不可"，音调要高一些，为了让学生感受到猫的尽职，决心大，我还加了一个用手掌拍桌子的动作，读到"等出来不可"，拍一下桌子，学生读得很愉悦，对猫的形象也更加深刻。

3. 激励读。

读"它什么都怕，总想藏起来。可是它又那么勇猛，不要说见着小虫和老鼠，就是遇上蛇也敢斗一斗"一句，黄梓琳读到"勇猛"，声音放大，"遇上蛇也敢斗一斗"读得干脆有力，脸上写满了"斗一斗"的表情。我立马说"说看黄梓琳"，大家齐刷刷看向她。"黄梓琳读到'勇猛'的时候，声音响亮，听着非常自然，她就像个追风的少女，勇敢活泼，如果遇上蛇，我觉得她也是敢去斗一斗的，给她掌声。"说到"追风的少女"，大家不禁笑了，掌声真挚热烈。黄梓琳越读越好，大家也没有丝毫懈怠。

这一课的任务单，学生的正确率非常高，我批得也轻松。我也终于知道了什么叫"以读代讲"。

管建刚

习课堂作文课的"读"的分量也很足。一张习作任务单上有四个例子，四个例子怎么读？

徐志凯

习课堂作文课的"读",有三个层次。

1. 读正确、读流利。

大多中后等生读了不会写,因为最基础的读正确、读流利出了问题。写作文就像盖房子,例子没有读正确、读流利就像盖房子没有打好地基。四年级了,任务二、任务四的片段小王只能写两行。自由读例1,我来到他身边,俯下身听他读。他把句子读成了词语,断断续续,疙疙瘩瘩,好不容易读完了一遍,便抬头看我。我指了指时间,示意他"时间不到,读书不停"。第二遍读正确了,离读流利却还远了。读例2也差不多。尽管后面有齐读、男女生交换读,小王也只能滥竽充数,所以任务二的"写",小王又犯难了。任务三和任务四情形相似。课后,我把小王叫到办公室读例1,第一遍还有回读,第二遍有了流利的影子,第三遍有样子了,第四遍读正确、读流利了。习课堂作文课的"读"和"写"有内在关联,任务一和任务三的"读"完不成,后面的"写"必然出问题。于是我会提前让后进生读例子,读到"八不"。我们经常说"自由读例1",并不是随便读,稀稀拉拉地读,而是心里装着"读正确,读流利"的目标前进。读例子,读熟才能生"巧"。

2. 读懂写什么。

"写什么"是"怎么写"的基础。小吴读例子做到读正确、读流利了,作文却是"不合格"产品。以《我的心爱之物》为例,我问他例子写了什么?他看了很久,才告诉我例1、例2写样子和来历,例3、例4写故事。读例子有口无心,无怪乎不会写。怎么读懂例子写什么?(1)引读是个好办法。以《我的心爱之物》为例,我引读:"自由读例1,边读边思考,哪些句子写'来历'?哪些句子写'样子'?"有了这样的引读,学生自然明白段落写了什么。自由读后齐读,我引读:"齐读例1,注意区分哪些写'来历',哪些写'样子'。"如此一来,学生自然多了个心眼:我读的是来历还是样子？文字和思维建立了联系。分角色读，我引读："男生读蓝色字体'来历'，女生读黑色字体'样子'。"如此，再问小吴例子写什么，小吴每次都能说出来。(2)激励也是个好办法。以习作《游_____》为例，读例1，冯源心不在焉地读了三遍。我表扬："冯源的手指着例子中的景物，说明他知道这些'看到的'内容很重要。"冯源可能对"写什么"是稀里糊涂的，但一表扬他就明白了。习作《我的心爱之物》，走过孟雨萱身边，我顺势表扬："孟雨萱读例1，读出了两种语气，说明她知道一部分写'来历'，一部分写'样子'。"由此，全班都接收到了例子"写什么"的信号。

3. 读懂怎么写。

习作任务单的"讲义"，提示了"怎么写"。一些学生读不懂讲义，关键在于"例子"和"讲义"没有打通。怎么办？(1)小结。以习作《我的心爱之物》为例，齐读例3后，我小结：心爱之物要写一个故事。再读讲义——心爱的猫：它高兴的故事，它不高兴的故事。这样一来，学生明白了，这次作文要写心爱之物的故事。没有这句话铺垫，"讲义"毫无征兆地出现在学生面前，有的就读不懂。(2)回读。习作《我的心爱之物》任务一的讲义是：详写"样子"，略写"经历"。大多数学生对详略很熟悉，学困生却不知道，所以男生读完"经历"，我小结：经历要写短，这叫略写。女生读完"样子"，我小结：样子要写长，这叫详写。再齐读讲义后，学困生也明白了。读了讲义，不是到此结束，还要根据讲义的要点，再回到例子，再读例子。

"读正确、读流利""读懂意思""读懂讲义"，习课堂的任务一、任务三的"三大件"。现在，40分钟里几乎没有完不成任务的，小吴、小王都能完成，并且都合格。

第4节　这样写超干净

管建刚

习课堂当堂限时作业，学生写字只求速度不求质量，怎么办？张老师班上的任务单，每一本干干净净、工工整整到平行班羡慕嫉妒。赶快取经！

张晓玲

1. 在老师眼皮下书写。

任务单在课上完成，在老师眼皮底下完成。有了老师的现场管理，学生能够专心写，一笔一画写。态度好了，一切皆有可能。每一节课上，学生做任务二、任务四，我都会重点指导两三个孩子的书写，一星期不断地反复指导固定的目标。指导对象明确，目标清晰，有针对性。一周"一对一"，孩子们进步很快。第一课时的任务二，我要求孩子们一笔一画写认真，并且和上面的范字对齐。写的字要落在横线上，大小要差不多，不能高高低低。尽管有的笔画和结构都不好，但起码，所有的字都对齐了。

2. 老师随时示范。

刚接班时，余诗琪的字，十个字能找出八个错别字，不是少一撇就是少一横。该出头不出头，不该出头的经常出头。每节课的任务二，她就是我的重点关注对象。一节课纠正三五个错别字，我会认认真真把正确的字写在她的任务单上，孩子看着书写两遍。一个星期能纠错二三十个。一个学期呢？那数量是惊人的。这样不断地反复练习，孩子扎扎实实地学写字，一年过去了，效果惊人。这学期，任务二基本没有写错别字了。错别字少了，成绩自然也提升了。吴启铭的字大得像汤圆，我不厌其烦地在他的本子上示范，要求他写的跟我的一样大小。现在，启铭的字还是不好看，但工整了、干净了，不会写得特别大了。扬馨怡爱写连笔字，字又小，有时候笔画重叠，看都看不清楚，今年她的字也有了很大的改观。

3. 老师随时赞美。

任务二的抄写，我的表扬具体到每一个人的每一个字的每一个笔画。今天表扬这个学生横写得平，明天表扬那个学生竖写得直……任务二的巡视，我的眼睛盯着学生的书写。汪翔的字整体还没上岸，发现有个词写得端正，我立马盖一个章："哇，这俩字赞啊！一笔一画很清楚，都这样写准能赢过你同桌！"汪翔摸摸自己脑袋，书写更认真了。同桌龚旺华字也不好看。开学初，我安排他俩比赛，看看谁先上岸。现在，龚旺华字上岸了，汪翔还在奋力追赶。每一节课，写得好的，我拿着章，边表扬边盖章；书写有进步的，表扬盖章；写得又快又好的，依然表扬盖章。课上，一个个章"啪"地落在孩子们的任务单上，鼓励的不单单是被盖章的孩子，周围的孩子听到都受到鼓舞，我仿佛也受到鼓舞，章，盖得更勤了。盖章声此起彼伏，孩子们专注如一。

以上三点我做得到，每一位老师都做得到，把平凡的、简单的事做好，做到位，这就是我所理解的习课堂。一年时间，学生的字我越看越开心，平行班老师越看越妒忌，哈哈！

管建刚

小徐，以前抄写经常要重写，这学期一次也没有；小田，以前的字有气无力，这学期的字有精神了；小沈，以前的字小如蚂蚁，这学期接近任务单上的范字了；小朱，以前的字涂涂改改，这学期好几次没有涂改……张老师怎么做到的？

张 怡

1. 书写，随时激励。

习课堂第一课时任务二的抄写词语，我会通过敲激励章的方式向学生传达书写要求。"这一圈，我要把章送给字写得和例字大小一样的同学""这一圈，我要把章送给和例字上下对齐的同学""这一圈，我要把章送给紧贴横线写的同学""这一圈，我要把章送给一遍写正确的同学""这一圈，我要把章送给写得横平竖直、字迹工整的同学"……清晰的激励标准，激励学生写字时要做到：字迹大小适当、紧贴横线、上下对齐、一遍写正确、字迹工整。第二课时，大部分是阅读题，需要花时间思考，很多学生会在写字上节约时间。于是，我努力寻找字迹工整的学生。"表扬邹雨轩，虽然只剩下1分钟，他还有好几道题没有完成，但是他仍一笔一画写好手里的这几个字。""表扬郭文航，他最后一道题的字和第一道题的字一模一样，全部写在横线上，而且字迹工整。""表扬苏雯静，不确定的题目换成铅笔去写，避免了因涂涂改改而导致作业不整洁。"随后马上在他们任务单上重重地敲上激励章，从而告诉学生写字追求的是质量而不是速度，写字需要"从一而终"。

2. 坐姿，随时提醒。

只有坐得端正，才能写得工整。不管第一课时还是第二课时，我都非常强调学生的坐姿。口令是非常有效的方法。但是，为什么同样的口令有的老师喊得有效，有的却无效呢？无效是因为眼里没有学生，没有根据实际情况去喊，眼里有学生，心中有学生，口令才能喊出效果。看到学生驼着背写，我喊"小身板"，学生边答"挺起来"，边挺直身板；看到学生贴着桌子写，我喊"一拳"，学生边答"一尺、一寸"，边把拳头放在胸前，调整胸口与桌子的距离；看到学生歪着头、耸着肩膀写，我喊"头正"，学生边答"肩平、足安"，边把头摆正、肩放平；看到学生的脚随意摆放，我喊"双脚放平",学生边答"坐端正",边放平双脚。哪里有问题就喊哪个口令。坐姿属于习惯,而习惯不是喊一次口令就能养成的,也不是喊一节课就能养成的,需要每节课多次地喊。喊口令时,也会出现一些学生只动嘴不调整坐姿,这就需要激励章。喊完口令,扫视全班,看看哪组坐得最端正,给这组每人敲激励章,并表扬"第一小组,边喊口令边调整了坐姿"。其他小组成员会自觉调整坐姿,他们知道只有这样才能获得这个章。

3. 评价,随时回报。

每个人都希望自己的努力能够有所回报,在哪方面努力就获得哪方面的回报。每课的任务单,我都会根据书写要求衡量学生的书写质量,基本做到就在等第的下方写上"工整"两字,全部做到且还能写出笔锋的写上"漂亮"两字,一次"漂亮"相当于两次"工整",一单元如果有八张任务单,只要有四次以上"工整"就能获得一张"免抄写券",可以免掉任何一次的抄写作业。光任务单上的字写工整还不够。我把这个券延伸到了"抄写本""听写本"上,抄写本上书写正确且美观,可以得到优秀星,五次优秀星可以免一次抄写,听写本上默写全对且书写美观,也可以得到优秀星,五次优秀星可以免一次听写。抄写、听写、任务单是每天必做的作业,天天认真写,还怕学生写不好吗?写得特别好的,我会投影展示,告诉大家什么叫"好",指出哪里"好"。进步特别大的字也投影,前后作业对比,大家看到并认可他的努力。全校整班书写比赛中,我们班 38 位学生,每位学生都得了"优秀",成了全校唯一的写字"全优班"。

管建刚

两位张老师所讲的都不是什么秘诀,而是大家熟知的。习课堂强调激励,她们做好了;习课堂强调规矩,她们做好了;习课堂强调示范,她们做好了。如此而已。

第八部分

任务单讲评

第 1 节　任务单批改

管建刚

　　廖芮老师在 40 分钟内批改完 50 本任务单，5 分钟内完成订正后的二次批改，神！

廖　芮

　　我是这样做的——

1. 批改前充分准备。

　　只有提前做好了各项准备，才能确保 40 分钟里专注高效地批改任务单。

　　（1）规范收取。为了减少翻任务单的时间，我要求学生翻开所做的那一页，同桌两人的任务单叠加摆放。组长收齐任务单后，不合上，摊开放在指定位置。不同组别的任务单要改变方向叠加，便于区分小组。如此一来，批改任务单不用从封面翻开，减少了繁琐无效的程序。

(2)温习习题。批任务单时，遇到不确定的答案，去翻教师版任务单上的答案。一翻一合，如此几次，几分钟没了。所以，批改前我会抽出3分钟，重温当天要批改的内容。如批改《麻雀》第一课时任务单，"雀"字的"隹"，单人旁的竖画要长于第四横。记住要点后批改"抄写词语"，更有针对性，更能看出易错点。第一课时的任务单常有思维导图，学生的答案不一定跟标准答案一模一样。我会根据课文内容预测学生可能写的答案，以免批改时再次打开课本核查。

(3)收拾桌面。之前批完一组任务单，总要站起来搬走改好的任务单，再走几步搬来新的任务单。一来一回浪费了时间。根据自身的批改习惯，批改前我把桌面清空，桌面右手边摆放未批改的任务单，桌面左手边摆放批改好的任务单。如此一来，减少了来回搬本子的时间。

(4)准备工具。桌面右手边准备好两支红笔，避免没有墨水更换笔芯。桌面左手边准备好三个印章，分别是"大拇指"印章、"有进步"印章和"加油"印章。三个印章按照"上、中、下"的位置摆放，盖完印章归原处。高质量完成的任务单，右手打钩，左手盖上"大拇指"印章。工具放在顺手的位置，批改变得有序、高效。

2. 批改时多措并举。

(1)限时完成。如何在40分钟内批完50本任务单？一是戴上耳机，避免外界干扰；二是打开计时器，增加紧迫感，也便于了解批改速度；三是坐姿正确，双脚放平，腰背挺直，保持良好的状态，一旦用手撑住脑袋，塌腰驼背，人自然会懈怠，很难专注和高效。

(2)方式多样。批改方式的多样化，体现在"批改符号"和"批改语言"上。传统的批改符号是"√"和"×"。有时候，学生的答案不能用一个"×"全盘否定。所以要准备好多样化的批改符号。如，在错误的答案上画"□"提醒学生错在哪里，用"△"来提醒学生订正的地方，用"?"来提醒学生理解题目有误，用"＿＿"来表示该学生答题不完整等。既能提高老师的批改效率，也可以提高学生的订正效率。

（3）及时分类。任务单讲评有"表扬"环节，老师一边批一边记表扬名单，实在太费时。根据任务单的完成情况，将任务单分为三类：第一类，完成情况较差的，放在桌面左下角；第二类，完成情况很好的学生，放在桌面左手边的中间位置；第三类，完成情况一般的大多数，放在桌面左上角。如此，基本情况一目了然。

3. 订正后随堂回批。

总体原则是"限时订正"。讲评后，教师开启计时器，限时5分钟。当堂限时完成订正的，可以获得1Q币的奖励。

错误多的后进生，提前下发任务单，大老师和小老师课间单独辅导。加上当堂的5分钟，也基本能完成。

中等生讲评后马上订正，订正完后任务单平铺桌面上，然后双手捧书读课文。老师看到竖立的语文书，立即过去回批。老师合上任务单，说明完成订正，学生可以读任务单。如果订正仍有错误，老师立即提醒二次订正。

任务单全对的优等生复习任务单。复习完本课的，可以复习前面的。

管建刚

习课堂的课堂组织、课堂管理、课堂激励做到位了，还可以学生互批。

樊小园

互批，我从期末复习任务单的听写、默写开始。

第一次听写36个词语，学生交换批。批完，我审核了一遍。12人全对，批错19本，主要是"喉咙""露馅儿""脚腕"三个词的错误，没有批出来。我把互批的情况告诉学生，他们很惊讶，怎么会批错这么多。我说批错的原因大致两点：一是不够细心，责任心不强；二是词语掌握不扎实，不清楚每个词语哪里容易产生错误。只有明白每个词语的重点部位，才能发现别人的错误。

第二次听写后互批，学生的状态不一样了，恨不得自己的眼睛变成放大镜。字写得丑一点，错；笔画没有到位，错。于是我们规定：结构错误，笔画多或者少，该出头未出头的，不该出头的出头了，判错。这次22人全对，24人有错，无错批。王顺贤的批改很严苛，他的同桌李一澄的字居然大变样了，每个字清楚工整，生怕一不小心哪里出了头被判错。

第三次听写后互批，全对21人，批错4本，主要是"摩拳擦掌"的错误没有发现。批错的人中，成绩比较优秀的2人，成绩一般或较差的2人。一次作业，4人批错，在可接受范围内。即使我亲自批，也无法保证一个也不批错。

三次互批，我发现了——

（1）以前听写前，读词语，提醒重点字，有人爱听不听。现在不一样了，每个学生认真看，仔细听。有一部分学生是为了不批错。

（2）学生都有一种心理，要揪出同学的错误，所以会仔细看这个字，然后再去审查同学的。批的过程就是专心学习的过程。

（3）老师一人批全班作业，也无法做到细看每一个字。书写潦草、不美观，我们一般不判错。学生互批，每人批一本，有时间细细看。书写随意造成的小差错都逃不过他们的眼睛，所以每个人都力争把字写清楚。

三次"互批"后，学生重视了，以不批错为荣。

后面的看拼音卷，课文内容填空卷，综合试卷的基础题、选择题和部分阅读题，我们都互批，统计正确率。万一错误多，怎么办？把"对的"批成"错的"，学生一定会去理论，会找老师纠正。但是，"错的"批成"对的"，就没有人关注了。怎么办？

（1）二次互批。第一次前后同学互批，第二次同桌交换找茬，发现一个错误，可以获得1Q币奖励。第一次没有错批的，也可以获得1Q币。当然也可以作业本的主人自查，查出自己有错，而对方没批出来，也能获得1Q币。

（2）老师批订正。互批作业的订正必须由老师批。老师要了解学生的错误情况，也会有意识地检查一下容易出错的地方。

互批可以减轻老师的负担，但不是说老师可以当甩手掌柜。

老师要进行互批的组织、管理。先进行三次互批的训练，就是老师的管理；每次学生互批时的提醒，是老师的管理；学生互批时，老师观察大家的批改情况，表扬一个个典型的事例，是老师的管理；学生互批后，老师坚持自己批订正，并有意识地检查学生的批改情况，是老师的管理；用习课堂Q币奖励批得好的学生，是老师的管理……

第 2 节　任务单讲评

管建刚

没有高质量的讲评就没有高质量的订正。任务单（作业）怎么有效讲评?

邹思怡

上好任务单讲评课，我有三个原则：（1）固定讲评时间，固定就是习惯，就是重视，任务单讲评和订正一般15分钟；（2）讲评前，教师筛选错题，做好PPT，不然15分钟准不够；（3）讲评不动笔，动笔不讲评。

讲评课有三个环节：表扬，朗读，订正。

1. 表扬，约2分钟。

表扬正确率高的，进步大的，答题习惯好的。

批改任务单时要分类。正确率高的放一起，进步大的放一起，答题习惯好的放一起，错误率高的放一起。本课错误率较高的几道题目，可以拍照，为讲评课 PPT 作准备。正确率高的学生以及今日任务单"进步之星"的名字，输入 PPT，邀请上台，播放背景音乐，拍下"荣誉一刻"照片，仪式感拉满。

表扬的重点是"答题好习惯""作业好态度"。

（1）任务单书写。卷面整洁，字迹端正，大小一致，间距相等，规范使用橡皮和直尺的。

（2）答题技巧。认真审题，圈画出关键词，用上了圈画法、排除法，注意答题的完整性、有序性和规范性，注意了标点符号的使用。

（3）检查订正。订正格式规范，低年级用铅笔画线，订正在横线上；高年级画线后用蓝笔订正。订正区域采用就近原则。有检查和修改订正的痕迹。

2. 朗读，约 7 分钟。

读什么？读错题、读资料和读关键句段。

（1）读错题。任务单原题 PPT 出示，学生齐读，回顾题目本身。如涉及到审题，题干中的关键词要标注出来。

（2）读资料和关键句段。所读内容一般来自课文 PPT 的任务一和任务三，部分涉及到课外资料。老师一般不讲答案，讲方法、讲联系、讲关键信息。

不同题型的处理也不同。

（1）基础性题型，如生字词语、多音字、易错字等，可以请"小老师"领读，关键字 PPT 上标红即可。

（2）思考性题型，主要通过读资料、关键句段来解决。关键词可标红。阅读理解题有三步：一读题干关键信息，二读解题方法，三读文中的关键句段。

（3）拓展性题型，如句子仿写、片段仿写，可以出示老师写的或优等生写的，学生读记后订正。

只处理错误率较高的题目，切忌什么都要。

3. 订正，约 5 分钟。

"看书不订正，订正不看书"。订正时，不同的学生做不同的事。

（1）正确率100%的。①通读本课的任务单；②复习前面的奖励题；③辅导中后等学生。"小老师"上岗前要培训，提醒他们不可以直接报答案。

（2）正确率70%左右的。提醒他们关注自己为什么错，知识点没有掌握？粗心？不会？不该错的下次确保不错。订正后，逐字逐句检查订正好的错题。

（3）正确率低于50%。他们是老师个别辅导的对象：基础性知识严格要求，思考性题目不强求。基础性知识可以再次打开书读背关键词句，记住了合上书再订正，强调答题的规范性。实在不会的思考性题目，可以读老师的标准答案3遍，然后订正。

管建刚

任务单讲评有了操作步骤，还要注意什么？

樊小园

1. 讲评，要点明"关系"。

任务单讲评，不光讲答案，还得回顾任务一或任务三的"读"，让学生明白答案与朗读之间的关系。如，讲评四上《为中华之崛起而读书》的思维导图，我会帮学生回顾任务三的"读"：读第1—10自然段，读第11—14自然段，读第15—17自然段，以上"三次读"对应思维导图的"三件事"。每一部分的"读句子"，对应思维导图中的"事情"。做思维导图，要回想分段朗读，回想朗读的关键句、关键词。讲评时不断强调，任务二、任务四的"习"与任务一、任务三的"读"的对应关系，任务一、任务三的"读"学生会更投入，更用心。

2. 讲评，要延续"激励"。

区教研室对作业批改要求"使用激励性语言"。任务单更需要激励。因为任务单是在没有繁琐分析的情况下，学生在老师眼皮底下独立完成的，挑战性更大，正确率没有以往高是常事。所以，正确率稍高的学生都要隆重表扬。比如讲评前，公布本次正确率高的名单：正确率100%，张峻宇、龚虹洁；错误不超过2个，金可欣、谢莹莹、刘凯、夏若涵、商诩晗、邓雨晨、王顺贤、谢俊希。任务单是学生当天的课堂劳动成果，能得到表扬的就是当天的"学霸"。完完全全的学霸很难做到，一天的学霸、一堂课的学霸，每个学生都有希望。

讲评任务单我经常用学生的答案作为订正的参考答案。《出塞》："醉卧沙场君莫笑，古来征战几人回。"题目问：从这两句诗中可以体会到什么？张峻宇写：可以体会到战争的残酷，以及将士们将生死置之度外的旷达、奔放的思想感情。加点部分在前一首古诗的任务单中提到。我告诉学生们，张峻宇的答案比标准答案好，标准答案只写了一点，张峻宇写了两点，是120分的答案。"120分答案"成为了优等生追求的目标，他们答题不满足于写出一点，而是想第二点，第三点。

《爬天都峰》第二课时的"片段写话"："'我'和老爷爷沿着山路往回走，一路上遇到许多游人，有的望着险峻的天都峰退缩了，有的在曲折的山道上犹豫了……'我'和老爷爷会对他们说些什么？请写下来。"教师版任务单没有答案，备课时我自己写了。讲评任务单，我告诉学生石寅熙写得比老师还好，全班齐读石寅熙的写话三遍。那次讲评后，石寅熙更优秀了。

3. 讲评，要服务"复习"。

设计习课堂任务单，管老师审核时问得最多的是"学生答得出来吗"，如大部分学生答不上来，管老师要求我们降低难度，常用的方法是改成选择题。所以，选择题的选项要学生读记。例如，四上《古诗三首》有一道选择题的答案是 C，我说这道题目的价值不仅仅在于知道选项 C 是错误的，还应该记住正确的选项 A、B、D。王顺贤举手说，选项 A 就是填空第 2 小题的答案。后来，第二课时的《凉州词》，张峻宇发现，选项 D 中有《凉州词》填空第 2 小题的答案。

任务单上的每一道习题都是精选而来的，这些题目包含了知识要点、语文要素。任务单不仅仅是一本作业本，它还是一份最好的复习资料。每一课的思维导图和课文内容填空，能帮助学生快速回顾课文的条理；每一课的习题，能帮助大家掌握基础知识和课文要点。比如《古诗三首》，可以反复朗读任务二中的"读准字音""词语"，朗读任务四中的古诗、填空（填空中有古诗意思，有重点句子的理解），朗读选择题正确的选项。这些熟记了，题目就难不倒你。四上《牛和鹅》一课，任务二有这样一个填空：这段话运用了动作、心理、语言描写，写出了"我"当时惊慌、狼狈的模样。下面有"学习好帮手"：一般填动作描写、语言描写、心理描写、环境描写。注意了"学习好帮手"，知道这类填空该填什么；"运用了……描写，写出了……"这是答题的万能公式，如品悟句子，就可以用这个"句式"。当我说到这里，刘凯灵机一动，说："《麻雀》一课描写老麻雀的那句话写得好不好，我可以这样答：这句话运用了比喻的修辞手法，把老麻雀比作一块石头，生动形象地写出了老麻雀的奋不顾身和坚定。"我戏称，任务单是个"宝"。

管建刚

有效讲评，张颜笑有话说——

张颜笑

1. 教师解题：有效讲评的前提。

习课堂的备课要求老师提前做好学生版任务单，用意不言而喻，有效讲评的前提是老师独立解题，踏实做好每一题。独立解题是一场态度战。任务单上不少作业都是基础性的刚需题，少部分题目是略有拔高的难题。老师独立完成任务单，在解题的过程中把握题目的难易程度，对学生可能出现的问题做出合情预测：哪些题目学生会感到费解？哪些题目学生会产生怎样的错误？以二年级上册识字1《场景歌》第二课时为例，我在解任务四看图仿写"六朵鲜花"一题的过程中，预测到学生可能会在下列问题上磕绊："一座城堡"的"座"写成"坐"，字义混淆；"城堡"的"城"没学过，写成前鼻音，前后鼻音不分；"两个蘑菇"的"菇"写成第一声，轻声忽视……习题中的难点、易错点，一旁留下批注，为有效讲评提供要点。

2. 限时讲评：有效讲评的基础。

"讲评不订正，订正不讲评"是底线要求。我以前缺少底线意识，总是老师讲一点、学生订正一点，老师再讲一点、学生再订正一点，讲评时间拖沓、讲评内容琐碎、讲评思路混乱。15分钟，讲评没完成，订正也没完成。讲评课要结合习题难易程度、学生错误情况，估算讲评时间。有效讲评还要用时间来管理、来约束。讲评开始，我就启动倒计时。讲评完一题，立马能眼见剩余时间。如果某一题的讲评时间偏多，则要迅速调整状态。

"限时讲评"能让人产生紧迫感。限时讲评，老师的语言干净了，可有可无的都删掉了，讲评重点突出了，原先从头讲到尾、眉毛胡子一把抓的毛病没有了。限时讲评，任务单讲评课跟习课堂新授课一样，步入时间管理、任务驱动的殿堂。

3. 回文引读：任务单讲评的基本方式。

不少老师的讲评等于"讲答案"，这样学生就越发不动脑筋，能力发展也就无从谈起。任务单讲评尽量不讲答案，那怎么办？——回文引读。即回归到课文，回归具体的语言文字，回归特定的语言环境，读关键段、读关键句、读关键词，从而让学生"读"懂，而不是老师"讲"懂。

以二年级上《朱德的扁担》第一课时的思维导图为例。

师：白天——

生：挑粮爬山。

师：晚上——

生：常常整夜整夜地研究怎样跟敌人打仗。

师：白天做的事情，读两个动作——

生：挑粮、爬山。

师：晚上做的事情，读原句——

生：晚上还常常整夜整夜地研究怎样跟敌人打仗。

师：晚上做的事情，也要学着像白天一样，读成两个动作。我读第一个——研究。你们读第二个——

生：打仗。

师：连起来四个字——

生：研究打仗。

4. 变序讲评：有效讲评的要领。

按部就班的讲解，任务单讲评的一大弊病。任务单一般由易到难，如果从任务二的第一题开始逐题讲评，到了任务四的难题，讲评时间没多少了。学生高度集中的注意力主要表现在前半段的简单题，到任务四的难题，不少学生身在曹营心在汉，讲评变成老师的独角戏。

任务单讲评应该：难题先讲，中等题后讲，简易题能不讲就不讲。概括、仿写、续写等先讲评，有助于突出重点、突破难点。抄写词语、默写词语、辨析读音、组词、前后鼻音混淆、轻声混淆、同音字混淆、相似部件或笔画混淆等基础题，放后。其余可以略过。

第3节　任务单订正

管建刚

张老师的"有效订正"做得到位，难怪教学质量总名列前茅。

张怡

1. 限时自主订正。

有的老师习惯性地以为，只要是错题都要讲解。实则不然。每次讲解任务单前，我都会给学生一点自由订正时间，一般5分钟左右。我喊"提笔"，学生边拿起铅笔边答"准备"，我喊"开始"，学生看错题订正，不会订正的打上问号。

自由订正时间，会有学生装模作样，不好好订正，等着老师讲解。于是我说："大部分同学都订正出来的题目，等会儿我不讲！"我还会表扬那些订正好的学生："某某同学真厉害，已经订正出两道了""某某同学三道全部订正对""某某同学对四道了"……习课堂的课堂激励、课堂表扬在讲评、订正环节同样有用，几次下来，只要计时器一响，学生们就能迅速投入到自主订正中。自主订正，大大减少了老师讲解时间，学生也从中养成认真做题、仔细审题的好习惯。几乎每一次的作业，总有不少学生错的原因是态度不端正和读题不仔细。

2. 不讲答案讲方法。

自主订正后，难题要老师帮助。怎么帮助？以往，我象征性地跟学生一起读题目，然后简单粗暴地讲答案，甚至把答案写在黑板上，学生抄一下。现在我知道这是有害的。应该讲方法、讲联系、讲关键信息。

六下《语文园地三》有道题："先写出下列句子的描写方式，然后说一说这些句子所体现的人物的性格特点或品质。"学生找到了"描写方式""人物的性格特点或品质"这两个关键词，但还是不会订正，因为他们不理解"描写方式"。我提醒"外貌描写"就是属于描写方式。学生一下子明白了，还有"语言、动作、神态"等描写方式。那怎么判断下面的句子对应哪种描写方式呢？我让学生继续读句子，读好后圈画关键词，学生一下子找到第一句的关键词是"一身黑色云锦衣衫"，第二句的关键词是"蹒跚""探身""穿过""爬上""攀着"，第三句的关键词是前引号和后引号。"一身黑色云锦衣衫"属于外貌描写，"蹒跚""探身""穿过""爬上""攀着"属于动作描写，说话句则属于语言描写。这样"讲方法"，这样"讲关键信息"，以后学生看到"描写方式"，绝不会无从下手了。

3. 执行订正规则。

"有效订正"是有效作业的"最后一公里"，"面批"则是"有效订正"的"最后一公里"。每次订正后，我会在教室里面批10分钟。"优秀星"及以上的学生只需要将任务单放在讲台上，在座位上静默阅读。错误率较高的我会按小组的顺序，两人一组上来面批。既避免了排队浪费时间，也方便课堂管理，不会出现排队聊天的现象。

面批，我尤其关注学生的订正痕迹、书写情况。我要求学生订正时用蓝笔画横线，铅笔订正，订正必须贴着横线去写，字迹工整，没有做到就重新订正。订正选择题，要把选项里错误的地方圈出来并改正，没有做到就重新订正。漏题没有订正完的，需要翻倍订正，原本只需要订正一遍的，需要订正两遍；原本需要订正两遍的，得订正四遍。当着所有学生的面，把没按照要求订正的任务单退回去重新订正，其他学生就知道，老师的要求不是随便说说的，而是要严格执行的，一次两次下来，再也没有学生订正时敷衍了事，再也没有学生漏题了。

管建刚

有效订正，邹老师有"三固定"：固定的时间、固定的仪式和固定的程序。固定的程序有四步——

邹思怡

1. 看。

学生拿到任务单，第一反应是要看自己的对错。所以，1分钟倒计时看错题：粗心漏掉了？知识没掌握？上课开小差？时间来不及？哪些题目不应该错？1分钟反思后再讲评。

2. 读。

学生初步了解自己的作业情况后，合上任务单，坐端正看黑板，老师开始讲评。为什么一定要合上任务单？要确保学生高效地听、高效地读。读什么？读重点错题对应的词语、句子、关键段落。

3. 订。

"读"后"订正"。一要规定时间，一般订正时间控制在七八分钟。二不许翻书，考察学生有没有一边读一边记。如此学生必然重视，而不是马马虎虎应付老师。这个时间老师也可以辅导个别学生。

4. 检。

时间控制在 1 分钟左右。检查作业，"读"最简单有效。学生手指指着错题，把订正好的错题读出来，在读的过程中检查订正是否正确，是否存在错别字、句子不通顺、漏加标点等情况。

管建刚

明明已经订正，明明已经正确，为什么下次还错？有效订正出了问题。订正"放水"，便是无效。

张颜笑

1. 订正当堂限时。

有效订正的基本前提是"独立"。习课堂倡导的当堂限时订正，老师在场、同伴在旁、时间驱动、任务驱动，能大大提高订正的效率。（1）当堂一口气订正。低年级可以讲评一题、订正一题。中年级讲评完任务二，学生限时订正任务二；讲评完任务四，学生限时订正任务四。高年级可以一口气讲评完任务二、任务四，学生一口气限时订正任务二、任务四。（2）当堂限时订正。限时未能完成订正的学生，怎么办？组长收上任务单，老师查看订正进度后返还，并请组长在课间督促其再次限时订正。（3）基础题提前订正。抄写词语、选择读音，一般不讲评。学生拿到任务单后，可以翻阅语文书，先行订正不讲评的题目，当堂订正是用来处理难题的。

2. 组建订正小组。

如何解决学困生的订正烦恼？（1）成立订正小组。作业困难生名单打印成册，每天记录订正情况。起初，收发作业的小组长我请班委当。后来发现小组长的职位下放到订正小组中，选一周内订正最好的学生，效果更好。（2）三级奖励机制。从订正正确率高、订正字迹端正、订正卷面整洁、订正习惯良好等方面作考量。具体有三类，一是无竞争奖励，达成某订正指标后，获取对应奖励，如当堂完成任务单订正的，奖励1Q币；任务单订正一次性过关的，奖励1Q币。二是带竞争奖励，如订正速度最快且正确率最高的，奖励1Q币；订正字迹最端正的，奖励1Q币；订正习惯最优秀的，奖励1Q币。三是学生和自己比较，如订正字迹较前面作业相比，有明显进步的，奖励1Q币；订正质量持续保持的，每天奖励2Q币。

3. 用好错题资源。

任务单中的错题是最有挖掘价值的资源。（1）每周整理错题。二、三年级，我关注字音、字形、字义的易错点。按照批改中统计的高频错点，每周指导学生完成两次错题整理，让错误在错题整理中止损。错题本我会定期翻阅检查。认真完成错题记录的学生，或者按照老师的错题收集意见整理的，每次奖励5Q币；能融入个性化错题整理的，每次奖励10Q币。（2）每月优秀错题本展示。展示分享中，我总结了四条错题本整理经验：①铅笔抄写题目，红笔作答；②圈画题干中的关键词；③不同题型，分类整理；④二次有错的题，打上△、〇、☆等符号。

第4节　任务单是复习单

管建刚

任务单可以"一单三用",上课前可以当"预习单"(只看不答),下课后可以当"复习单"。习课堂不用记笔记,任务单就是一份等待每一个学生来参与完成的标准版笔记。

樊小园

是的,任务单不仅是一本习题集,还是一份很全面的复习资料。早读课,我们班很少读课文,因为习课堂上读书已经很充分,早读课再读课文,学生会困惑,课上一遍遍的读的意义在哪里?早读课,我们不读课文,读任务单。一周三次语文早读,每周周五的早读一定复习读本周四课时的任务单——高年级一般周一到周四上四节习课堂、用四次任务单,也就是一周上完两篇课文。

早读课,学生读任务单,我会像上课那样巡视,而不是在讲台上批作业。一方面随时指导学生读哪些内容、用什么方法读;另一方面关注每一个学生读的状态,进行课堂激励。我跟学生强调,樊老师不会占用大家的课余时间,前提是所有属于语文的时间,大家都要专注,用好每分每秒。"课上紧张,课后轻松",也是早读任务单的要求。

我会检查学生读任务单的姿势,任务单平摊,确保老师看得到每个学生的嘴巴、眼睛;检查学生的视线和所读内容是否一致,防止滥竽充数;细致观察并琢磨边读边记的眼神、坐姿、声音是如何的……读完一个任务,或读完一课时的任务单,进行具体到人的具体行为的表扬。比如:"范子睿复习读的样子吸引了樊老师,他管住了自己的手、脚、身体,整个人看上去很沉稳,眼神像聚光灯似的随着嘴巴的读在任务单上移动。""王以恒的复习读,效率比任何一个同学都高,因为他的读有轻重,需要记忆的关键词会用重音来强调，这就叫带着思考朗读，这就是边读边记。""樊老师特别高兴我们班有钟尚霖、陈天睿这样的同学，每当出现不整齐，他们会提高音量，牢牢控制好齐读的节奏。"……

习课堂注重课堂管理。早读课复习任务单也要课堂管理，课堂管理"一致"了，效果就会成倍增长。

管建刚

樊老师，任务单有选择题、判断题、填空题等等，不同的题型有什么不同的复习方法？

樊小园

怎么复习？主要是一个"读"字。然而"读任务单"跟"读课文"不同，读什么、怎么读，真需要老师指导。第一课时的任务单，抄写词语、选择读音只要讲清楚读的遍数；思维导图，则要告诉学生读的顺序，不然有学生完全不知道从何下手。第二课时的任务单，课外阅读题可以不读，因为很少考到相同的文章，更很少考到相同文章、相同题目。课内阅读题，大部分是"读题干""读答案"，选择题、判断题则有特殊的"读"的方法。

1. 读选择题。

复习读选择题，一律读"正确的选项"。原本选"正确"的，读"题干"加"正确选项"。原来选"不正确""有误"的，读时把"不正确"改读成"正确"。如六上《狼牙山五壮士》第二课时任务二关于"点面结合"的选择题：

关于"点面结合"，下面说法不正确的是（ D ）。

A. 片段中对"点"的描写，突出了每个战士的英勇；对"面"的描写，可以顾及全局，体现五壮士整体的英勇无畏。

B. 点面结合，可以既有深度又有广度地反映五壮士英勇无畏的英雄气概。

C. 习作时可以把最能表现文章主题、刻画中心人物的关键材料作为"点"进行描写。

D. 习作时要把其他起铺垫、烘托等作用的材料作为"面"来写，因为它们不重要。

不正确的答案是"D"，复习读把题干读成"下面说法正确的是"，然后齐读选项A、B、C——注意不是读"A、B、C"这三个字母，而是这三个"选项"。设计任务单时，有难度的问答题改成了选择题，"以练代讲"，让学生掌握知识点。所以，这道选择题的价值不在于确定选项"D"是错误的，而在于记住三个正确的选项。

"读音""字形""加点字解释"之类的选择题，要求学生读每一个选项，并且把错误的修改成正确的。六下《语文园地四》任务二第三题"根据意思，正确选择"：

1. 下列加点字解释有误的一组是（ D ）。

A. 走马观花（骑）　　锲而不舍（镂刻）　　见微知著（隐约）
B. 赴汤蹈火（热水）　过犹不及（达到）　　无独有偶（一双）
C. 不以为然（对的）　声泪俱下（都）　　　专心致志（尽，极）
D. 狂风怒号（号叫）　自愧弗如（仿佛）　　司空见惯（习惯）

学生把题干改读为"下列加点字解释正确的是"，然后读每一个词语及加点字的意思，如：走马观花，走，骑；锲而不舍，锲，镂刻。读到"自愧弗如"这个错误解释，学生改读为"自愧弗如，弗，不"——要读正确的解释。这样才复习得明明白白。

填空形式的选择题，要把正确的选项内容放到填空中读。如，六下《十六年前的回忆》第一课时任务四的选择填空：

A. 他遭受了苦刑　B. 他对亲人的爱　C. 他在经历了残酷的折磨后依旧坚强

"没戴眼镜""乱蓬蓬的长头发"说明了__A__,"平静"说明了__C__,"慈祥"充分体现了__B__。

学生这样齐读:"没戴眼镜""乱蓬蓬的长头发"说明了他遭受了苦刑,"平静"说明了他在经历了残酷的折磨后依旧坚强,"慈祥"充分体现了他对亲人的爱。这道题的内容,传统课堂上老师都会讲解分析,再让学生记笔记。读习课堂任务单,学生就是在复习"笔记",而且是一本记录清楚、字迹干净、内容完整的笔记。

2. 读判断题。

读判断题和读选择题类似。一种情况,只读正确的句子;另一种情况,读所有句子,把错误的地方读成正确的。如,六下《古诗词诵读》第五课时任务四的第二题:

1. 北宋黄庭坚的《清平乐》是一首送别词。(×)

2. "谁道人生无再少?门前流水尚能西!"与"少壮不努力,老大徒伤悲"的意思相同。(×)

3. "水是眼波横,山是眉峰聚。欲问行人去那边?眉眼盈盈处。"作者用"眼波""眉峰"分别形容"水"和"山",这样写的好处是让景物显得灵动。(√)

判断题的答案是"√"的第3题,读一下就可以。判断题的答案是"×"的第1题,则要读成正确的说法:北宋黄庭坚的《清平乐》是一首惜春词。第2题则要读成"意思不同"。学生订正任务单,要求标注错误的地方并修改,这既让学生清楚错在哪里,也为任务单的复习读做准备。

3. 读填空题。

填空题一般直接读。遇到所填内容灵活的、不是只有唯一答案的填空题,读"填"的内容,学生各读各的,回到题干继续恢复齐读。我跟学生说:"只要每个同学都在用心读,即使大家读不同的文字,樊老师看在眼里不会觉得嘈杂，老师感到嘈杂的，往往是不专心，不投入。"

读填空要特别提醒，不要只关注所填的内容，还要关注题干中的要点。如，《狼牙山五壮士》第二课时任务四有这样一道阅读填空题：

画"＿＿＿"的句子运用了动作描写和语言描写，体现了班长马宝玉对敌人的痛恨和他不畏牺牲的英雄气概。选文中还有类似的描写五壮士的词句，用"＿＿＿"画出一处。

复习读任务单，学生边读边记，记"语言描写""动作描写"，更要记题干中的"体现了班长马宝玉对敌人的痛恨和他不畏牺牲的英雄气概"——这句话就是习课堂任务单的"以练代讲"的"讲"。

4. 读"答题好帮手"。

任务单上还有答题技巧。四上《牛和鹅》一课，任务二有这样一个填空：这段话运用了动作、心理、语言描写，写出了"我"当时惊慌、狼狈的模样。下面"学习好帮手"写道：一般填动作描写、语言描写、心理描写、神态描写。我告诉学生：读"学习好帮手"，知道这类填空填什么；"运用了……描写，写出了……"这是答题句式，如果品悟句子写得不好，就可以用这个"句式"来回答。

任务单的复习，主要是"齐读"和"问答读"。问答读，老师读"题干"，学生读"答案"，一可以缓解学生的疲劳，二可以相机点拨，如审题方法的归纳、答题句式的小结、错误思考的警惕等。一段时间后，学生掌握了各种题型的复习读的方法，可以请小老师领读，老师解放出来，把时间和精力放在组织、管理和激励上。

习课堂任务单就是笔记，就是完整的复习资料，这样学生会更重视任务单，也会更重视课堂学习任务的完成，包括书写质量和订正质量，因为谁都不希望早读面对的是一本字迹潦草、错误满天飞的任务单。

第九部分

习课堂教研

第 1 节　习课堂自拍课

管建刚：听别人的课毕竟"隔岸观火"，自己上课又"只缘身在此山中"。看自己的视频课，既有"隔岸"的清醒，又有"身临"的代入。这是习课堂最倡导的教研。

周　静：看自己的视频课，有的时候真恨不得把电脑关了。因为，真的触动到了自己——

1. 课堂组织不到位。

比如任务一翻看语文书的时候，口令是喊了，小马的动作没有到位。我用眼神示意小马，等他捧起书，准备好朗读姿势，我才开始计时。可讲台左边的小臧，一整节课我只走到他身边一次，我自认为很了解他的状态，坐端正不会超过 3 分钟。看了视频后才发现，小臧从一开始就有问题，看黑板，背是弯着的；齐读，凳子上像有钉子似的，人一直晃来晃去，右手伸下去理自己的衣角，左手提自己的裤子。

隔一个位置的小李也小动作不断，一会儿用手扶扶眼镜，一会儿用手摸摸鼻子，好不容易两只手臂上下叠放，人坐好，手指又在桌上弹来弹去。而我上课时根本没有看见，自然也没有采取任何措施。我只看见了最显眼的小马，把他作为管理的对象，等他书打开了，我就开始计时了。殊不知，像小臧、小李的书是打开了，朗读效果很差。因为我的"习以为常"，学生可以改正不良习惯的几率降低了，自以为的"浪费时间"造成整节课效率的低下。

2. 课堂语言不干净。

习课堂要求教师语言简练，用学生的"读讲义"来代替教师的"讲解"。《语文园地六》的视频课，我就犯了语言啰唆的问题。学生读到"悬梁刺股""手不释卷""囊萤夜读""程门立雪"这些古人勤学苦读的成语，不太流畅，第二遍还是有些疙瘩。我想肯定是学生不知道这些成语的意思所致。于是讲解成语的意思。我的预想是，学生听完解释后能读得通顺流畅。看了视频才发现，部分学生并没有认真听讲，他们挠头、打哈欠。讲解结束学生再读，也没有我预想的效果。

任务二的"习"，当我说"任务单"，视频中的学生懒洋洋的，不仅动作缓慢，声音也不整齐，三三两两地回"快打开"。我自以为是的"讲解"打破了习课堂以往的程序化，上课的节奏被打乱了。下课了，没有完成四个任务。我不禁想到，幼稚园的孩子们背唐诗，他们连字都不认识，古诗的意思更是茫然，却能背得滚瓜烂熟。古人的"读""背"就是一种学习语文的传统方法，我们应毫不怀疑地传承并用起来。

3. 课堂激励不全面。

习课堂要求一节课至少70%的学生得到老师的激励印章。70%我能保证，"至少"的意思却没有吃透。"至少"是合格，不是优秀。看自己的三节视频课，我发现自己总是表扬那些好学生。任务一，小马翻书很慢，我盯着他赶上大家的速度后，到"计时结束"，学生再合上语文书，我并没有再次关注小马。视频中的小马听到"时间到"的铃声响起时，他合上书的速度并不慢，如果当时的我能看到这一幕，表扬小马的专注和速度，并期待他下次翻开语文书的速度也能跟上来，那多好。可是当时的我带着惯性思维去关注那几个表现好的，表现不好的我就干巴巴地等着他们自动跟上速度，自动变好，这肯定是不正确的做法。

平时我脑子里一直认为，学困生或调皮蛋很难找出表扬他们的地方，硬生生挤出来的笑容是难看的，硬生生挤出来的表扬是无效的。问题还是在自己身上。因为我没有认识到后进生可以跟他自己比，我的潜意识里总是把他们跟脑子里的"好学生"比，达到这个标准的才能算好，才会真心实意地去夸。

管建刚 **古希腊有句名言"认识你自己"。看见自己才能认识自己。看视频课就是看见自己，边看边思就能认识自己。**

钱海燕

1. 笑容有点少。

从上课前 3 分钟开始，我就板起一副"师道尊严"脸，严肃地喊"上课"，严肃地指导朗读，严肃地指导写字，连夸学生都是板着脸。偶尔露出一丝笑容，也会立马收回。说话都是命令式的，直来直去，语调始终处于高位，很生硬。课堂上出现的不和谐行为，除了板脸，我还会用"眼神杀""一阳指"去制止……

反思：

习课堂认为，好的课堂管理一定是亲切的，而不是板着脸的。习课堂推出亲切的课堂管理，有温度的课堂管理，老师要微笑、表扬、俯下身、蹲下。想起日常巡课，几乎看不到一个微笑的老师，不是板着脸，就是苦着脸，一线老师大多跟视频课中的我一样，想用这样的表情来"管纪律"。其实，课堂口令用好了，课堂手势用好了，课堂激励用好了，老师完全可以让自己放松下来，让自己带着微笑上课。一节课上，轻松愉快的课堂氛围，从老师的微笑开始。

2. 废话有点多。

"这节课我们来学习一个童话故事……""这节课我们继续来学习……"学生完成任务后，我这样说："嗯，真不错！""很好！很棒！"一个任务完成后，我这样说："接下来……"课结束时，我除了问"今天这节课完成任务二和任务四的……"，还要问"今天当堂背诵出奖励题的……"，甚至继续问"今天这节课，得到三个章以上的……"。

反思：

作为一个在课堂上"啰唆"了近二十年的老教师，刚用习课堂最不习惯、最忍受不了的就是"管住嘴"。自己手机录的视频课，当时还是比较满意才留存下来的，如今看来，废话还是不少。上面列举的课堂废话，在当时是司空见惯的。教师说的每一句话，占用的都是宝贵的课堂时间。教师语言的干净和干脆，就是减少和降低时间的浪费，就是提高课堂教学效益。管好自己的嘴，"吝啬"课堂的每一分钟，学生才有足够的时间进行读、背、写的语文实践。

3. 表扬不走心。

学生完成任务二，我边巡视边表扬："你坐姿端正"，我敲下一个章；"你的字写得特别棒"，我敲下一个章；"你的字很有力"，我敲下一个章；"你写字这么快，还能写那么漂亮"，我敲下一个章。学生完成任务四，我边巡视边表扬:"你坐得笔直笔直。"我敲下一个章;"你提前3分钟就做完了。"我敲下一个章;"你的速度真快啊!"我连敲下两个章……任务一、任务三的"读",我只是巡视盖章,几乎没有针对个人的具体的表扬。

反思:

"具体的人+具体的行为+具体的结论",有三个"具体"才是习课堂表扬,才不会浮于表面,才有效。两年前,我的表扬常用"你",而不是学生的姓名。公共场合的点名表扬激励作用会更大,对同伴的影响也更大。两年前,我的表扬内容单一,不是表扬书写质量和速度,就是表扬坐姿,眼睛看不到其他。诸如"A同学答题时,先圈画关键词,再答题……""B同学读书时,读着读着皱起眉头……""C同学不受边上读书声的影响,按自己的节奏,细细审题……"之类的私人定制的表扬,一个也没有。笼统的表扬是没有"杀伤力"的。

4. 巡视形式化。

我的巡视都是从第一组开始巡,从第一排的第一个座位走到最后一个座位,然后从第二排的最后一个座位走到第一个座位,再从第三排的第一个座位开始巡……我很少弯腰,很少竖大拇指,找不到一个下蹲动作;没有摸摸头、拍拍肩、握握手。巡视中,我只顾眼皮底下的学生,没有关注到别处的学生。以致一节课上,两个学生在用手势比划谁读的遍数多,当时的我根本没有发现。

反思:

习课堂提倡"脚步就是管理",要求老师一节课走500步以上。习课堂的巡视要求"三步一回头",俯身看了两三个学生,马上站起来巡视一下全体学生;不只按座位排列纵向匀速走,还要快慢交替走,横竖交错走。发现举手的、开小差的,要快步走过去。不总走直线,也要穿梭着走。老师的行走线路不固定,"哪里需要先去哪里"。习课堂的师生亲密距离是20厘米——老师的脑袋到学生脑袋的距离。习课堂上,老师时而弯腰、下蹲,时而摸摸学生的头、拍拍学生的肩，在学生面前竖个大拇指点个赞，这样的管理是有温度的，是英国教育名家巴纳比·列侬所要求的"铁手套里温暖的手"。

管建刚

每个月录一节视频课，一学期录了 5 节，暑假里回看，看见了什么？

张 怡

1. 脚步有快有慢了。

之前的课堂巡视，可以称之为"逛街"。慢慢悠悠地从这儿走到那儿，从这组走到那组，看到有学生举手，还是以同样的步调、同样的速度走过去，有时还在中间停一下，先听听周围学生的朗读。

后来看李冶老师的习课堂视频课，每次有学生举手，李老师总会加快自己的步伐，以最快的速度走过去。教师的效率感会影响学生的效率感，李老师每次说"开始"，不管是"读"还是"写"，学生迅速而整齐，这跟平时的训练有关，也跟李老师自己的课堂行为有关。于是我也学着做起来，每次看到有学生举手，快速、径直地走到他身边，现在不管有几位学生同时提问，我都能一一看见并解答。每次自由读快要结束前的三五秒，我也会以最快的速度提前回到讲台边，脚步的快慢是时间也是效率。

2. 肢体动作丰富了。

之前，我的手是用来拿翻页笔和激励印章的，学生做什么都靠嘴来传达。后来看了张颜笑、周利利、顾孙煜老师的视频课，才明白原来"手"也是可以传递信息的。比如老师喊"语文书"，学生答"拿起来"时，我可以边喊口令边将两手垂直放于胸前，做出双手"捧书"的姿势，告诉学生什么叫"拿起来"。老师喊"书本合拢"，学生答"左上角"时，我可以边喊口令边将手心朝下的左手，盖于手心朝上的右手，做出"合拢"的手势，告诉学生什么叫"书本合拢"。提笔的时候，可以把翻页笔当作"笔"，高高举起，做出握笔的姿势。言语配上动作的示范，让课堂更有感染力。

以前喊"开始"，我轻轻按动翻页笔上的按钮，随意喊了句"开始"。后来，看了管建刚老师的视频课，现在我会把翻页笔高举过头顶，喊"开始"的同时，翻页笔迅速有力地从上往下划。语言表扬学生，我会真诚地向学生竖起我的大拇指。现在的我，不会空着手不知道放在哪里了，我的手时时有事情干了。

3. 声音有轻重缓急了。

以前的我，上课时声音处于一个频道，没有起伏，没有变化，看了管建刚老师的视频课，我知道了什么时候该轻，什么时候该重。读到重要部分，我会通过音量的提高，速度的变化，告诉学生这是重点。比如六下 13 课《董存瑞舍身炸暗堡》中有一个句子："敌人的机枪更疯狂了，子弹扑哧扑哧打在董存瑞身边……突然，他身子一震，左腿中了一枪。他用手一摸，全是血。"读了讲义"侧面描写，写出董存瑞前行艰难"后，再次让学生齐读标红句子，接着加重音量、语气上扬地问道"这是……"，学生答"侧面描写"，紧接着快速、有力地再问"写出了董存瑞……"，学生答"前行艰难"。这样提高音量、提高速度，可以引起学生的重视，知道这是个重要的知识点。

之前喊"开始"，我轻描淡写地喊一下，现在我学会了"开"字喊得响一点，"始"字喊得轻一点，一方面有助于锻炼学生的专注力，另一方面，有轻有重地讲话，能让课堂"活"起来，"变"起来。

4. 课堂组织到位了。

以前的我，怕来不及完成四个任务，所以追求速度，我喊完"语文书"，学生边答"拿起来"边举起书本后，我就喊"开始"。喊完"提笔"，学生边答"准备"边把铅笔握好后，我也立马喊"开始"。我的眼里看不到学生，只是为了尽快完成一个个步骤。一次次现场课和视频课学习中，我看到了课堂组织的重要性。

现在，我喊"语文书"，学生答"拿起来"后，我会"手势加眼神"巡视，一组组看过去，确保所有学生都举起书本，翻到相应的页数后，才喊"开始"。我喊"提笔"，学生答"准备"后，我眼睛看向第一组，手势就指向第一组，嘴里就喊"第一组"，然后，"第二组""第三组""第四组"，确保每一组的每一位学生都笔尖朝下，才喊"开始"。从而向学生传达一个信息：没有人可以在老师眼皮子底下偷懒、在老师眼皮子底下开小差。我也终于明白，课堂组织与课堂任务的完成不仅不冲突，而且相辅相成。

5. 我强调课堂规矩了。

之前齐读段落，我还没喊出口令，有的学生已经捧起了语文书。做任务单题目，有的学生一翻开任务单就做好了"提笔"的姿势，我曾经是赞许的，表扬他们的专注与速度。后来看到一位老师的习课堂，不落下任何一个，就像是一支训练有素的学习的部队，我被震撼到了。当所有学生同一时间做出同样的动作，这气势足以使所有学生都打起精神，这是课堂凝聚力，每个个体都感觉到了同伴的存在，一起"战斗"肯定比孤身一人效果要好。

于是，我从"问好"开始，所有学生弯腰至45度角左右，两手放两边。课上一切行为都要听从我的口令，我喊"语文书"，学生才能将语文书拿起来；我喊"提笔"，学生才能将笔提起来握好；我喊"书本"，学生才能把语文书轻放于桌面；我喊"开始"，学生才开始读课文、做任务单。一起开始，一起结束，因为大家是一个"集体"啊。课堂规矩了，学生的精气神也就越来越好了，速度也越来越快了，课也越上越顺。在规矩中，学生真正意识到了什么是"集体"，而团队的力量是无穷的。

半年来，我真真实实地看到了自己课堂的变化，也终于明白管老师为什么要让我们自拍视频课，多看自己的视频课。

第 2 节　习课堂公开课

管建刚

一线老师焦虑公开课。从磨课到展示要折腾个把月，瘦上三五斤，有老师戏称公开课乃减肥法宝。

张晓玲

周二接到通知，周四教育局要来听课，学校安排我上课。这要搁在以前，我肯定焦虑死了，绞尽脑汁去想教学设计，教学设计本身费脑费神，高年级都是长篇课文，解读文本也得时间，教学设计解决了，还得做课件，还得记教学环节，记导语和过渡语，只有一天时间，哪怕什么都有了，还很考验记忆力，何况上课的时候还会紧张。

这次我没有以前那种焦虑了，因为我有习课堂。习课堂是实实在在的家常课。这个班我已经上了一年的习课堂了，也只有习课堂能让我在一天之内备好课，面对教育局领导听课，我不用怕教案记不住，不用怕忘了环节，不用怕过渡语说不好，不用怕提问题、学生答不出来等等。

轻车熟路，我备好了《花之歌》。课文有点难理解，上课前我有两个担心：担心课文读不好，平时孩子们读课文节奏较快，会不会刹不住车；合上书，我做思维导图，"摇曳"对应"呼吸"、"微睡"对应"醒来"有难度，学生应该也有难度。

课前我表扬了李永正，李永正这两天的字工工整整。要知道，上学期他还是一个鬼画符的娃。"说坐正，就坐正"，"小眼睛，看黑板"，"读课题、不拖拉"，随着课堂口令，开启了习课堂。课上，孩子们紧张地读和写。我忙着管理课堂，听朗读，点评，盖激励章。看书写，示范，指导。学生答题，我点拨、解疑。一节课有条不紊地进行着。这个班我带一年了，喊口令孩子们整齐有力，任务四我喊"提笔"，学生回"战斗"，我喊"加油"，学生回"奥利给"，有气势的口令消除了疲劳，孩子们精神满满。

孩子们的朗读没有赶节奏，任务一和任务三的读都能达到要求，正确、流利、不拖拉。在此基础上，孩子们自然而然读出了感情。让我惊讶的是，思维导图不仅仅提前完成了，巡视的时候我发现正确率都很高。看来，任务一和任务三的读用心了，学生也有"边读边记"的能力了，这就是一年来反复训练的收获。

紧张、有序、完整地完成了一节常态得不能再常态的家常课。结束了我的公开课汇报。大家都是第一次听我的习课堂。我忐忑不安地等来评课环节，出乎意料的是，老师们都很认可。A老师说：张老师的评价语让我知道什么是表扬，平时我的表扬最多就是"你好棒！""你好厉害！"这样不痛不痒的话，现在，我明白了什么叫表扬。B老师说：整齐有力的口令像部队操练，很有气势，习惯养成很扎实。教育局朱老师说：这节课，带给我非常强烈的冲击，课上加强学生对文本的感知能力，注重实效，课堂管理到位，注重学生的自读、自学、自悟。

尽管教了二十几年的书，但我知道没有习课堂，短短两天我备不出有效的课，习课堂让我从容面对不慌张。我不再害怕突如其来的听课，习课堂治愈了我开课的焦虑。

管建刚 **三年来没有上过任何公开课，来到省外，面对几百名老师，她说自己不紧张，为什么？**

张 怡

因为，我上的是习课堂。

1. 习课堂：充满确定性的课。

以往，每节课的环节都是不一样的，这节课有可能要请学生上台表演，下节课有可能要同桌讨论；这节课四个环节，下节课五个环节。我总是在不断地回想着教学设计，过渡语忘记了，着急；下个环节忘记了，着急；学生说不出自己想要的答案，着急……太多的不确定性，我们这样的小白内心只能忐忑。

习课堂不一样，它有固定的课堂程序，"读＋习＋读＋习"四个任务，任务一读完做任务二，任务三读完做任务四，任务一的"读"和任务二的"习"息息相关，任务一"读"得专注，任务二就"习"得有效。任务三和任务四，也是如此。第一课时任务一的读，先自由读全文，后读词语、读句子，再读全文；任务三的读，读关键段落、读关键句、读关键词。第二课时的读，读关键段落、读关键句、读关键词。这样上了三年，我清楚地知道课堂的四个环节，清楚地知道每个环节要读什么、做什么，这就是我的课堂安全感的来源。

每一天每一节课都是这样上的，那在哪里上、面对多少人上，又有什么关系呢？

2. 习课堂：狠狠"夸"的课。

以前，我习惯板着脸进教室，生怕自己的微笑让学生无视课堂规则。课上，看到学生不好的行为，先用"凶狠"的眼神示意，不管用的话，用高分贝震慑他们。安静只是暂时的，过一会儿又会暗潮涌动，就像管建刚老师所说："发现问题再去管，这叫管纪律。"高频率的管纪律让课堂氛围压抑，师生在课上玩"猫捉老鼠"的游戏，这样的课堂有何幸福感可言呢？

习课堂的课堂管理是"一分预防胜过九分治疗"。习课堂注重课堂表扬，强调表扬要有具体的人、具体的事及具体的结论，表扬贯穿于整节课的始终。任务一和任务三，学生读的时候，我走近学生身边倾听，用敲章、竖大拇指的方式进行激励，读完还会选一两个最值得表扬的"点"进行口头表扬。任务二和任务四，学生写的时候，我关注他们的坐姿，头歪了帮他们摆摆正，驼着背写的，帮他们把背挺挺直。在这样的细节中，学生能感受到我对他们的关爱，也很期待我对他们的表扬，他们努力地做，我努力地夸，整个课堂氛围就很温馨。表扬好的行为，放大好的行为来覆盖不好的行为的产生，这是最温暖的课堂管理。这样的课堂管理中，老师和学生的身心都是愉悦的，学生因为被表扬而开心，老师看到了学生的笑容也很开心，课堂就有了温度。

3. 习课堂：看得见学生的课。

以往的公开课，是为了向老师们展示自己扎实的基本功，精彩的教学设计，精彩的教学过渡，教师是课堂的主角，是整个场地的焦点，像我这样基本功一般的老师，内心的焦虑油然而生。

习课堂从教师的"教"转向了学生的"习"，将70%的课堂时间还给每一个学生读背写，学生成了课堂的主角，教师就是组织者、管理者、激励者。教师最重要的任务是在课堂中"看见"一个个活生生的学生，"看见"他们的每一个动作、每一个表情。每个学生都是独立的个体，他们的习惯、思维方式都不一样，只有真正地"看见"他们，看到他们的优点，看到他们的不足，才能"对症下药"，实现"因材施教"。当注意力从自己身上转到学生身上，我的眼里看不到底下的听课老师，我能看到的只有眼前的学生。我看到了某个学生读的时候眼神游离于书本，时而看左边同学，时而看向我；看到了某个学生头上都是汗水，依然纹丝不动读着课文；看到某个学生不管是读书还是写字，身板一直挺得直直的……学生答任务单，底下的老师窃窃私语，我也没有朝台下撇过一眼，因为我忙着看学生。

眼里都是学生的课，让我忘了紧张；眼里都是学生的课，让我收获了自信。

管建刚

顾孙煜老师上习课堂作文课，他说，"我居然忘了这是公开课"。

顾孙煜

我上六下第三单元习作"让真情自然流露"。作文任务单也有四个任务，任务一、任务三各有两个例子；任务二、任务四各有一次练笔。

任务一：读两个关于"情绪起起落落"的片段。

例1，写六年级阳光检测后，我给孩子们买肯德基的事。考完即将放假的激动，怕我看到教室里乱哄哄而大发雷霆的紧张，当我拿出肯德基后孩子们的高兴。起起落落的情绪，在亲身经历过的事件中感悟更加深刻。

例2，以为妈妈忘记自己生日的伤心，看到妈妈拿来自己看中的蛋糕时的兴奋，眼角余光看到拿着蛋糕的妈妈粗糙龟裂的手时的内疚。起起落落的情绪，在片段中表达得淋漓尽致。

自由读、齐读、分角色读，读了"讲义"后，回读例子，学生把讲义和例子联系起来，读懂写作方法。平淡无奇地回读，总感觉少了那么点味道。前一晚备课，看到讲义后的曲折图。那起起伏伏的线条，正是情绪起起落落的真实写照。课堂上不妨用手指代替起伏的线条，进而达到控制学生读书音量的效果。如例1，读"激动"，我手指慢慢往上滑动，学生的音量渐渐提高，激动之情变得可感；读"紧张"，手指从刚刚的位置慢慢下滑，"教室温度瞬间降到了零度"，手指正好轻触地面，紧张之情不言而喻；读"高兴"，手指从地面慢慢向上滑动，随着音量的逐渐提升，紧张的情绪慢慢消散，取而代之的高兴在结尾处达到顶峰。

任务二：写关于体育课下雨的情绪变化。

曾几何时，读到孩子们的素材，总是抱怨着："为什么一到体育课，老天就偏偏要下雨！"这也是学生的未解之谜。这个话题贴合孩子们的实际经历，长期积压在心间的情感变化一下子全部由手中的笔流泻而出，孩子们也能较好地写出情绪的起起落落。任务二展示环节，吴沛璇的字字句句都写进了我的心坎。下节就是体育课却大雨不止的愤懑，体育课前雨奇迹般停了的惊喜，场地未干只能在教室自习的失落。若非亲身经历，不可能写出如此丰富真切的情绪变化。

任务三：读两个关于"情绪一层一层往前写"的片段。

例3，写五年级某次正规练习后，我给孩子们公布等第时的情景。得知"语文优秀"后的故作镇定，得知"数学优秀"后的激动难耐，得知"英语优秀"后的仰天狂笑。兴奋的情绪一层层提升，片段中化名为"小吴"的内心剧烈波动溢于言表。

例4，写毕业前夕，师生之间依依惜别的情景。熊孩子们一改往日的嬉笑打闹，观看老师搜集的两年内的视频，结尾处老师对孩子们的毕业祝福，离别的愁绪层层深入，内心的不舍愈发强烈。

任务三我还是用手指来指挥孩子们的朗读音量。如例4，离别的愁绪是层层递进的。读第一层时，手指的高度与头顶齐平。高度没有超过头顶，是因为这个片段整体基调不适合放开声音。随着第一层进入尾声，我手指高度逐渐降低。读完，停止于胸前。第二层从胸口继续往下，读完止于腰间。第三层，腰间继续，读到"原来离别是这般滋味"正好手指轻触地面。逐渐下降的音量，越发凝重的氛围，孩子们微红的眼眶，我知道他们读懂了，也水到渠成地表扬了眼眶微红的周子强，一位情感细腻的男生，为不破坏整个课堂氛围，对周子强的掌声也选择了"把轻轻的掌声送给他"。整个教室充满了离别的愁绪。

任务四：即兴的情感体验——紧张情绪一层一层往里写。

原任务单上设计的"假作业"，自己班已经用过，这次改成了"爆炸气球"，经历老师在较远处打气球、老师在身边打气球、气球爆炸的一系列内心体验，完成任务四的写话。为了增加体验感，我打完气后，让所有学生闭眼趴下，走动的时候故意踩出"咚咚咚"的响声。引爆时，我倒计时"5，4，3，2"，所有学生做好心理准备，以为我会在喊"1"后再引爆气球，我先发制人，"2"就捏爆气球，来了个出其不意。从学生任务四的写话可以看出，我的决定是对的，孩子们把内心的紧张情绪一层一层写出，越来越深入地写出。

以前一有公开课，我总是紧张焦虑，患得患失，课堂面无表情。而这次，我似乎忘记了后面的听课老师，忘记了流程，眼中只有孩子们，眼中只剩孩子们。孩子们的一举一动，我似乎都能看得到。孩子们的一颦一笑，我似乎都能捕捉到。课结束，我也没有像以往长长地出一口气。取而代之的，是一种外出游玩、意犹未尽的感觉。

第3节 习课堂观课

管建刚

李老师听了我的习课堂，说我的习课堂跟她的不太一样。习课堂的任务单是一样的，习课堂的PPT是一样的，习课堂的计时器是一样的。不一样在哪里呢？

李 丹

听了管老师《狼牙山五壮士》第一课时，我一直在思考：为什么朴朴素素的教学设计、简简单单的教学流程，却让人觉得哪儿哪儿都扎实，哪儿哪儿都透彻，哪儿哪儿都恰到好处？若用一个词来概括，那就是"举轻若重"。轻，是环节的简约、清爽；重，是厚重的功底和实实在在的效果。

1. 扎扎实实读书。

我注意到管老师把初读课文的要求由"注音字词反复读，不会读的问老师"改为"注音字词读正确"。由方法到目标，循序渐进，让学生知道要去到哪里。再读课文时，朗读要求由"多字、漏字、疙瘩的地方反复读"变成了"多字、漏字、疙瘩的地方读3遍"。"3遍"比"反复读"更具体、更明了。

分段读，读清文章的层次结构，每读一部分，PPT上都有这样的要求："边读边思考，想想这段写了什么？"可是，边读边思考是一个很笼统的要求，如何才能做到呢？这对习课堂小白来说，太难了！管老师怎么做的？学生读完朗读要求，管老师相机指导："边读边思考就要放慢朗读速度，甚至可以降低音量，留下思考的空间。"有了这样的方法指导，学生一下就明白该怎么读了。这就好像我们常常和学生说："把教室打扫干净！"可是，怎么才能打扫干净呢？如果不教学生桌子怎么擦，毛巾怎么淘，拖把怎么清洗，"把教室打扫干净"这个要求永远只停留在嘴上，不能见到实效。

2. 老老实实培养习惯。

习课堂培养学生的七大习惯。边读边记、边抄边记的习惯是最基础、最重要的。惭愧的是，我上了近一年的习课堂，在这两个方面收效甚微。听了管老师的课，我找到了原因。

读词语时，管老师让学生自由读词语两遍，再齐读词语两遍。为什么这么简单就读完了呢？学生任务单错了怎么办呢？这是我一直担心的问题。于是，我会让学生反复读易错字的读音。如此时间不够了，学生还有了依赖思想：反正等会儿都要读，反正抄完还可以记，现在能"水"就"水"吧。

听了管老师的课，又听了他的讲座，我释然了。初读课文，PPT有这样的朗读要求："注音字词读正确，不会读的问老师。"这就倒逼学生在初读课文时必须按要求读，并且得边读边记。否则，做任务二就会露馅儿。学生抄完词语后管老师要求不能读记所抄词语，有剩余的时间马上背奖励题，目的还是倒逼学生边抄边记，否则当堂听写就完蛋。而我跟这样的要求背道而驰，让学生抄完词语后回读词语。管老师瞄准的是学生一生的习惯，而我盯的是当前的任务单正确率。

3. 轻轻松松点拨。

"晋察冀根据地"这个短语，五年级学生很难理解。管老师并没简单让学生读注释，而是对"晋""察""冀"三个字分别进行解释。管老师三言两语点拨，这几个字是哪几个省的简称，特别讲了"察"："是察哈尔省的简称，现在没有这个省了。"

文中从"五位战士"到"五壮士"的称谓变化，是升华中心、凸显人物形象的关键之处。这不是第一课时的重点，但要让学生有关注、有发现。这个"度"管老师把握得非常好。管老师出示五壮士的图片，第一次引读："五位战士在这里呢，他们是——"学生读名字。管老师第二次引读："五位英勇的战士的名字是——"学生读。管老师第三次引读："五位壮士的名字是——"学生读。学生不仅记住了五壮士的名字，还感知到了由战士到壮士的变化。管老师用"四两"的轻，拨出了"千斤"的重。

管建刚

听了郎丽翠的习课堂，张颖老师直呼被雷倒了——

> 张 颖

两个学期的习课堂，我自认为已经度过了"相识"，进入了"相知"。没想到，今天仍然被郎丽翠老师的习课堂结结实实地惊艳到了。

1. 关于口令。

"时间不到，朗读不停""语文书，稍倾斜""拿起武器，准备战斗""小身板，挺起来""时间到，笔放好"……一声声干脆利落的口号，整节课激昂澎湃，丝毫不见一丁点儿倦怠，从始至终无一人坐姿松散。回想以前的课，老师一句句"接下来我们翻开书××页""表扬第三组拿笔速度最快""大家把头抬高点，不要离书本太近"……这些教师语言跟现在的课堂口令比起来，不但费时，效果也相去甚远。课堂口令是习课堂的一大特色。每个年段都有不同的口令参考，学生跟随老师的节奏喊出口令，对于课堂环节衔接、学生状态调节都有很显著的效果。郎老师班的课堂口令，响亮、熟练、干脆，喊出什么口令就做什么事情，动作一如口令那般敏捷迅速，这就是传说中的训练有素。

2. 关于朗读。

我们班的齐读有一个顽疾总也解决不了——句中的"着""了""的"的拖音现象。这个毛病应该是一个通病吧。但是，郎老师班的齐读着实惊到了我，他们的"的"字就像单人读，自然而然一带而过，没有一点拖音现象！原来，这个顽疾是有药可医的！课后我求教郎老师，郎老师爽朗一笑，说："能有什么好办法，一遍一遍示范着教，一次一次反复读着练呗！跟咱们的习课堂一样，习得习得，多'习'才能'得'呀！"哦，原来是我功夫下得不够，三天不见效果就放弃了。郎老师班的孩子，书个个读得好！好到什么程度呢？齐读都能听出语调的高低起伏，绝不似一般的齐读，只求整齐。孩子们不论捧着课本读还是抬起头来读句子，都全神贯注。小脑袋总会跟着文字的起承转合，有节奏地摆动。他们读书的情态声音，让人觉得他们很享受读书，很热爱读书，能够读懂文字表达的东西。习课堂不就是要培养爱读书、会读书的孩子吗？郎老师怎么做到的呢？郎老师回答：（1）示范，学生读不好的句子，老师示范读，有时候也可以叫读得很好的学生来示范读；（2）自由读的时候一个一个去听，一对一指导。就这么简单。

3. 关于时间。

郎老师的课上，我看到一群争分夺秒的孩子。作为一名学生家长的我深深觉得，如果学校能在课堂上教会我的孩子抓紧时间，那我会感动到流泪！这就必须要提到习课堂另一项"专利"——计时器在课上的大面积应用。以往老师常说："给大家两分钟时间，读一读……"但真的是两分钟吗？有时候不够，有时候超出很多，全凭老师的感觉。老师口中的几分钟成了一个模糊的概念，也模糊了时间本身，还模糊了守时的品质。习课堂说几分钟就几分钟，大大的计时器在屏幕上转着，孩子真切感受到时间一秒一秒在流逝，还剩多少时间也一目了然。这种看得见的"时间"让人产生紧迫感，这正是当前的孩子所需要的。时间一到，闹钟一响，老师的口令"时间到"脱口而出，绝不为任何一个学生拖延时间。这，才是对时间最好的尊重。郎老师的一节课一共用了6次闹钟，每一次设定的时间都恰到好处，快一些的学生能抢出一两分钟读背奖励题，慢一点的学生也基本能在闹钟时间内完成任务。这个功夫要下在备课时。习课堂让孩子们每一分钟都有事情做，连必定拉开时间差的任务二、任务四，都有"奖励题"填补时间空白。听到读奖励题的孩子，郎老师的表扬很走心："今天×××真棒，他为自己争取到了1.5分钟读奖励题，超越了昨天的自己！"那个孩子一定像打了一剂强心针，瞬间充满力量。这样把课堂时间用足用够的习课堂，这样懂得激励孩子跟时间赛跑的老师，孩子怎么会感受不到召唤，去抓紧时间、去争分夺秒呢？课堂是学生努力学习的地方，课后就是学生轻松休息的地方。那多好啊！

4. 关于细节。

走进教室，孩子们已在位子上坐好，桌面摆放整齐干净，任务单在下，语文书在上，叠放在左上角，笔和修正带紧靠书的右边，十分干练，十分舒服。上课铃一响，教室气氛陡然严肃。孩子们那小身板一下子挺得直溜溜的。这些还不算什么，真正让我感到惊艳的是师生问好，郎老师干脆利落的"上课"，孩子们半秒内的起立动作和响亮轻快的"老师，好!"，整个环节只有两三秒钟，却让整个教室立刻进入了熟悉的习课堂氛围——专注、紧张、高效。方才还在窃窃私语着的听课老师们也被这几秒狠狠地震了一下，瞬间融入了郎老师的课堂之中。我不禁暗暗赞叹，提神醒脑的"师生问好"，才是习课堂的正确打开方式! 我还注意到，郎老师班上的孩子，课本和任务单都是夹了书签的，方便反复开书、合书，绝没有拖泥带水。这些不是因为有人来听课而进行的表演，而是一天一天的训练，已经内化成了孩子自身的素质，不，这已经内化成了郎老师所带班的班风，这是习课堂多么宝贵的馈赠啊。我被郎老师的习课堂雷倒了，我不断警醒自己，我的习课堂与郎老师的习课堂还有距离，习课堂比我想象中的还要有威力!

第4节　习课堂视频教研

管建刚

教研组配一个手机支架，手机架在前面，摄像头对准全班学生。课后导出视频，发学校 FTP。教研组老师一个月选听 3 节课。一月一次现场研讨，评出当月最优视频课，全网发布。这就是习课堂视频教研。

章秋兰

1. 习课堂为什么要视频教研？

（1）习课堂视频教研能面向每一位老师，人人上课。习课堂的理念是"习"，教研不能"光动嘴皮子"，只有"上"起来才是有效的教研。传统现场教研每次最多安排两位老师上课，我校一个年级十多位老师，一学年才能轮到一次，如此低频率能有什么效果？习课堂视频教研，每一位老师都能参与进来，录课时间自己定，录课地点自己定，每一位老师一学年想上多少节教研课就可以上多少节。我们要求三年内的新教师一学期至少两次视频课，第一次录后，根据老师们的反馈意见调整，换一篇课文第二次录课。第二次提交的视频课要比第一次有进步，没有进步，再录。

（2）习课堂视频教研能够节约老师的教研时间。传统教研坐下来听课，一节课 40 分钟，再加上换课的时间，赶往听课教室的时间，合起来至少一个小时。听视频课不仅能用零碎时间，还能"快进"。感兴趣的地方仔细听，任务一和任务三自由读课文、齐读课文时，可以"快进"，任务二和任务四完成练习时，也可以"快进"。一般 20 分钟就可以听完一节课。

（3）习课堂视频教研能够节约教研组活动时间。传统教研活动，每次都要用上三节课，两节听课、一节评课，教研活动光换课就是个麻烦事。习课堂视频教研解决了老师们的麻烦，上课不需要换课，自己选时间上。听课不需要换课，自己选时间听。学生要减负，老师也要减负，不需要换课、不需要提前到听课教室，不需要你等我、我等你的视频教研是给老师减负的教研。减负的根本不是少做，而是节省时间。

（4）习课堂视频教研能够"视频为证"。一月一次的现场教研，主评老师会展示上课老师的视频片段，每个片段 1 分钟左右，精彩片段供老师们学习借鉴，问题片段帮老师们避开雷点。以往的评课，上课老师和听课老师很可能都记不起来了，甚至有可能觉得你故意针对我。视频为证，一切以发生的客观事实为准，这就是对事不对人。

2. 怎样安排习课堂视频教研？

习课堂视频教研要有主题，如第一学期"口令"，第二学期"朗读"，第三学期"手势"，第四学期"激励"。每个月还有小主题，如第一学期围绕"口令"，我们设定了四个小主题：9月口令有精气神，10月口令组织到位，11月口令有变化，12月口令有动作。以第一学期的五年级教研组为例，每月安排三位老师拍视频课，根据大家的听课情况，选取两节现场评课——

时间	主题	活动内容	视频课内容	地点	主讲
9月21日 12:00—13:00	口令精气神	1. 评课议课。 2. 学习"家常课"公众号文章一篇。	吴亚萍：《什么比猎豹的速度快》第二课时 胡梦姣：《圆明园的毁灭》第二课时	童话书吧	沈欢欢
10月19日 12:00—13:00	口令组织到位	1. 评课议课。 2. 学习"家常课"公众号文章一篇。	徐靳霞：《少年中国说》第二课时 钮伊婧：《松鼠》第二课时		王芳
11月23日 12:00—13:00	口令有变化	1. 评课议课。 2. 学习"家常课"公众号文章一篇。	王露露：《太阳》第二课时 唐蓓蓓：《鸟的天堂》第二课时		顾孙煜
12月21日 12:00—13:00	口令有动作	1. 评课议课。 2. 学习"家常课"公众号文章一篇。	肖晓华：《忆读书》第二课时 刘元玉：《四季之美》第二课时		许玲燕

录课时间有要求，9月21日要集中教研，那么9月14日前必须录好，

上传FTP，给听课老师留一周时间。录课地点可以选择教室，但要保证教室桌椅整整齐齐，地面干干净净，布置漂漂亮亮。录课时学生统一穿校服，师生都重视这节课。课上得好不好另说，气势上不能输，精气神不能倒。

手机摆放在教室前面，摄像头对着学生，拍学生的课堂表现。摆放手机支架是个技术活，摆放好了，全班学生都尽收眼底，摆放不好，入不了镜的孩子一大片。为了让全班四五十个孩子都能上镜，老师们不断调试，发现在教室门口放一张课桌，将支架放在课桌上，手机45度角对着学生，便能做到视频课里的孩子一个都不少。还有一个细节，手机像素要调到最低，占空间小，也容易导出。

习课堂视频课有一条纪律，不用"小蜜蜂"扩音器。因为，习课堂管住了老师的嘴，不废老师的嗓子了，也不要炸学生的耳朵了。

3. 习课堂视频教研的流程。

（1）看见自己。执教老师先看自己的视频课。说话结巴了，听不下去！学生调皮3分钟了，愣是没发现！超时4分钟，怎么会这样！恨不得钻地缝里不出来了。只有看见自己才能认识自己。自己都不满意自己的课怎么办？换个课题再上，自己上自己听，不满意，再来一次，直到满意为止。视频课教研就是这么方便，方便老师自我修炼，精益求精。

（2）分散看课。视频课上传学校共享盘"习课堂专用"文件。听课不受时间限制，不受空间限制，有课就上，有作业就批，用空档时间、零碎时间听，边听边完成听课单。也可以拷回去在家里听。听课反馈表很简单——

任务段	时间点	启发	建议
任务一			
任务二			

续表

任务段	时间点	启发	建议
任务三			
任务四			

(3) 现场研讨。一月一次的现场研讨有固定的活动流程：评课—议课—学习文章。谁来评课？以往的教研组评课都是组内消化，这个老师讲讲，那个老师讲讲，都是熟人，都是不痛不痒的。习课堂视频教研，要别的年级的骨干老师也来听、也来评，打破组内的小循环，走向全校的大循环。怎么做？详见"习课堂视频教研中心组"。

4. 习课堂视频教研中心组。

(1) 主讲中心组的由来。为了让评课专业、有效，我们成立了习课堂视频课主讲中心组，中心组邀请了六个年级的六位骨干老师，每个月主讲老师听两节视频课，用心准备现场教研的 20 分钟评课。

(2) 视频教研的组成。每月一次的视频教研集中研讨活动，一是主讲老师评课 20 分钟，二是组内其他老师 1 分钟点评，三是 10 分钟学习"家常课"公众号上的文章——教研组长负责选优质文章。整个活动约 45 分钟。教务处期初排课，每周二下午不安排语文老师的课，保证六个年级的语文教研活动在同一时间进行。每个年级的活动地点是固定的，一年级组在书吧，二年级组在会议室，三年级组在多媒体教室，四年级组在未来教室，五年级组在安徒生童话书吧，六年级组在书法教室，教学分管校长会在集中教研时进行工作巡视，从书吧到会议室，从会议室到多媒体……检查视频教研活动是否正常进行。

(3) 主讲人轮换制。一个学期四次集中研讨，每次都是同一个主讲人，一方面很难讲出新东西，另一方面也容易老熟人，你好我好大家好。为此，我们进行主讲人岗位轮换制。就拿我来说吧，第一次去一年级，第二次去二年级，第三次去四年级，第四次去五年级，避开自己的三年级组，其他年级都能去串个门做个客。四次评课每次面对不一样的教研组，充满新鲜感的同时也充满了重视感。录课的老师会重视，因为评课的老师是客人老师，评课的老师会重视，因为上课的老师是客人老师，对待客人我们总是毕恭毕敬，尽善尽美的。

（4）中心组推优制。每次研讨都要推荐本次上得最好的1—2位老师，打磨一节精品课，一般要上三次，第一遍上给自己听，第二遍上给师父和教研组长听，第三遍去学校"未来教室"录制精品课。录好的精品课将全网发布。全网发布的课是好课，"六认真"考核的"上课"项为"优秀"。

（5）中心组辅差制。作为管理人员，要帮助跟不上大部队的班级和任教老师，和他们一起找问题，出点子解决问题。老师有没有改变，课堂有没有改变，要跟踪教研。如每月的"习课堂走课"要重点看，口令用起来了吗？朗读还拖调吗？课堂组织到位了吗？有了跟踪制度，老师努力，学生上心，课堂改革落到每一节课上。

第十部分

习课堂新手

第 1 节 老兵经验

管建刚

习雅丽

习课堂新手上课前注意什么——

1. 准备工作不能少。

（1）课前备课。现在不备课我都不敢上课，没有闹钟，没有提前做任务单，没有提前读课文，心中发慌。（2）翻看任务单。上课前再翻看一下任务单，关键段、关键句要有意识地让学生多读，借助关键词也可以顺畅地引到讲义上，任务单正确率也会更高。（3）提前进教室。一节课 40 分钟，习课堂精确到每分钟。我办公室在三楼西面，教室在一楼东面，不提前一两分钟下楼进教室，很难不迟到。老师提前 1—2 分钟进教室，学生能更快地安静下来，进入候课状态。（4）夹好书签。上到哪一课，语文书、任务单都在哪一课夹好书签，2秒就能翻到。

2. 读书时间不能少。

以往上课遇到时间不够，我会缩短学生读书次数和时间，反正前面已经自由读了，少读一两遍没关系。殊不知，不积跬步，无以至千里。没有前面一次次的熟读，大脑就无法腾出空间来思考。流畅的读是基础，基础不牢，地动山摇。

3. 有效表扬不能少。

有学生精神倦怠了，表扬激情满满的学生；有学生读书懈怠了，表扬已经读完两遍的学生；任务单正确率不高了，表扬有进步的后进生。咱为什么表扬？是希望学生朝着咱表扬的方向走。"你真棒""你真能干""你真厉害"，以前听上去没毛病，现在想来都是毛病。有效表扬要表扬到具体的人的具体的行为。如"小杰同学一笔一画写字，书写真漂亮！""亮亮提前做好了上课准备，难怪那么迅速！""刚刚完成任务单，马上开始背诵奖励题，真会利用时间！"……清楚明确，学生知道往哪儿前进，往哪儿使劲儿。

4. 个别辅导不能少。

任务一、任务三学生自由读，多到学困生身边，听听字音是否读准确；任务二、任务四的答题，多停留在他们身边，关注答题过程，必要时给一点特殊待遇。任务单讲评和订正，多留意他们，看到举起左手（完成举右手，有问题举左手），快步走过去。

5. 必要干扰不能少。

学生提前完成了任务二的抄写，马上读背奖励题；提前完成任务四的习题，小声读背奖励题。出声有利于背诵，又能刺激其他学生快速作业。

老师的唠唠叨叨不如同伴的读书声给力。生活中很难有绝对的安静。课堂上的可控的干扰，那是训练学生的抗干扰能力，这是一辈子有用的能力。

6. 有效订正不能少。

有效订正是有效作业的"最后一公里"。没有有效订正的"1"，课上的学习效果可能要化为"00"。有了这个"1"，效果可以变成"100"。怎样才是有效订正？不在老师眼皮底下完成的作业，效果大打折扣。订正也如此。回家订正，耗时长，效果未知，不知学生是抄的、问的还是思考的。有效订正的前提是老师上好任务单讲评：（1）讲评不动笔，动笔不讲评；（2）限时订正；（3）面批。依然有错，那要二次订正、二次批改，直到正确为止。

7. 奖励题反馈不能少。

起初，任务单的四个任务总完成不了，总没有时间读背奖励题。久了，学生完成任务单少了紧迫，多了散漫。习课堂上，一定要"管住嘴"，一定要把70%的时间还给每一个学生，一定要相信学生自己的"读"和"写"，而不是相信老师的"讲"和"问"，一节课一定要尽快地完成四个任务，当堂读背奖励题。如果完不成，建议用手机拍摄自己的课，回看自己的课你就会发现很多可以改进的地方。

8. 个别突破不能少。

后进生三五成群，会变成"后进团"。一根筷子容易折，一把筷子折不断。后进生要"各个击破"。小江作业总缺交，上课特别懒散。课上口令一出，眼神提醒他快点跟上，他无奈地拿出书来，我马上表扬小江今天跟上口令了。自由读一开始，贴着听他读，他只得读起课文来，我马上表扬小江认真读课文了。任务单批改，他有一题完成得非常好，讲评时大力表扬。一次次的表扬，激励着小江越来越自信勤奋，也刺激着"后进团"的其他成员。下一个小胡，再下一个小黄，"后进团"升级为"进步团"。

管建刚

"起初，任务单的四个任务总完成不了"，的确如此。一上手便完成四个任务，没有提升的空间了。第一节课完成两个任务，一周后完成三个任务，一个月后完成四个任务，那叫看得见的提升。一堂课如何尽快完成四个任务呢？

周　静

1. "喊口令"不简单。

"语文书，捧起来""任务单，拿出来""时间到，全放好""提笔，准备"。我原以为四年级学生喊口令那是小菜一碟，喊三四遍，便能配合得天衣无缝。不试不知道，一试吓一跳。学生捧书的姿势五花八门，有的把书本靠在前面同学的椅背上，双手虚捧着；有的把书本开成180度，双臂直挺挺的；有的猫着身子，把书本当成挡箭牌，遮住自己的脸……朱涵月双手捧书的姿势很优雅，立马来一句"说看朱涵月""就看朱涵月"。我以朱涵月为典范，讲解头部、手部、肘部、背部、脚部该怎么放，做到头正、身平、足安。脸要大大方方地露出来，老师看到你在读。我们又训练打开任务单、提笔准备写字的口令和动作，90%的学生都能做好了，问题应该不大了。上课铃声响起，我信心满满地上了第一节习课堂，40分钟过去了，居然只完成了两个任务。

一反思，课堂口令上浪费了很多时间。我喊"语文书"，有的接"拿出来"，有的接"拿起来"。我又重复了几次，时间在慢慢流逝。喊口令"提笔，准备"，有的在翻任务单，有的在神游，有的提笔了，笔却拿反了。我只好停下，一组一组检查，确保每位学生都到位了才按下计时器。即便90%的学生能做到还不行，做不到的10%才是重点。他们的口令也能喊到位，课堂节奏就能紧凑，他们喊不好，其他学生也会分心。老师以为很容易的口令和动作，到了学生那里一点儿都不简单，要细化、分解，越详尽，越细致，越好。老师要赋予口令精神、趣味，学生才会喊得精神气十足，越喊越想喊，越喊越有劲。课前准备要用到口令，任务开始、任务结束、任务间切换都要用到口令，学生状态的调动要用到口令，学习习惯的提示要用到口令。口令训练到位，课堂节奏就行云流水、张弛有度。反之，课堂节奏乱，任务单完成必定受影响。

2. "朗读"不简单。

习课堂的任务一和任务三都是"读"。一篇六百字的课文，四年级学生自由读大概需要3分钟，我们班则要4分钟。个别朗读能力弱的4分钟也读不完，好几位学生还在指读，一齐读就拖调。读词语也要重复好几遍。长句子要切成短语、词语，按停顿线反复读。计划2分钟的读词语读句子，硬生生拖成了5分钟。任务一没读熟，学生没记住，任务二的时间到了，只有十来个学生完成。

要想一堂课完成四个任务，朗读不是小事。学生的朗读能力不可能一下提高很快，而习课堂上时间又不等人。怎么办？早读课带学生读今天要学的课文。遇到读错的、疙瘩的，停下来马上纠正。齐读要求不拖调，语速、节奏合适。习课堂的老师主要是发现学生"读"的状况。第一排的李正兴，个子虽然小，朗读却铿锵有力，但老喜欢拉长调子，每句话结束时都带着长长的尾音。我让他降低音量，跟着其他学生的速度，果然和谐了很多。也有的语速过快，齐读时，双手捂住了耳朵，怕其他同学干扰了他。我请他不要捂住耳朵，一次次的提醒，便看不到那只突兀的手，听不到不和谐的声音了。开学第三周，我领读了一遍《呼风唤雨的世纪》，学生齐读了三遍，竟然无比流畅。当天的课上，学生一点也不拖调。原来，只要读熟了，就能不拖调。读熟不是简单的小事，不拖调也不是简单的小事，真的。

3. "激励"不简单。

齐读课文，女生信心不足，越读越轻。女生中有没有读得好的？一个音色甜美、语音语调随朗读内容变化的女声吸引了我。我说"说看欧解语"，生接"就看欧解语"。"我蹲下来听欧解语读书，她自信满满，声音很响亮，有请欧解语当小老师领读！"一次次表扬读得自信的女生，班上的"欧解语"多了起来。

一开始，学生做任务二和任务四，规定时间内没有完成的，课后我会给点时间。两周过去了，学生似乎习惯了"给时间"，于是我决定改变。"表扬王梓，第一个完成任务单，他已经开始大声读背奖励题了。""每次最快的不是王梓就是陈思颖，看看谁能打破！""赵彦博同学已经在做第三题了，前面两题写得还是全对的，真了不起。"如此持续一周，《古诗三首》的任务二，葛成旭的速度赶上了颜梦馨，我夸了葛成旭。走了一圈，又发现颜梦馨超过了葛成旭。任务四的时间刚到，葛成旭也写完了，他兴奋地喊："老师，我做完了！"任务单高高举过头顶，转身交给了组长。激励是最好的"催化剂"，我终于明白为什么习课堂那么强调"课堂激励"了。

第 2 节　新手备课

管建刚

有了教师版任务单，有了学生版任务单，有了配套 PPT，习课堂要不要备课？要。习课堂备课"备"什么？

邱达官

1. 读课文。

作为一名三十多年教龄的老教师，教材上的课文大多上过三四遍了，不能说很熟悉，至少不陌生，但是，习课堂的备课要求出声朗读，做到"读书八不"，三十年来还真从来没有做过。我试了试，很难一次做到管建刚老师说的"读书八不"——不多字、不漏字、不错字、不疙瘩、不卡顿、不回读、不读破、不拖调。有的课文读了好几遍还是做不到。作为老教师感到很难为情，同时也特别提醒新手们，一定要读好课文，自己一定要做到"读书八不"，再走进课堂。

2. 预设时间。

习课堂任务单的任务一、任务三是"教"的依据，也是"学"的根本。任务一、任务三的"读"，直接影响任务二、任务四的"答"的效果。时间分配，习课堂要求细化到"分"甚至"秒"。管建刚老师经常讲"效率＝任务÷时间"。课堂 40 分钟是个定数，必须用好每一分钟，这个道理很朴素，然而我们时常会忘掉。

任务一的"自由读课文""读词语""读句子"，任务三的"读课文""读段落""读句子""读讲义""拓展阅读"等，都要有时间设定。我老老实实地捧起书本，开启计时器，"注音字词读正确""多字、漏字、疙瘩的地方读 3 遍"，然后用红笔在备课本上写：5 分钟、3 分 30 秒、1 分钟等。写完后，再看任务一、任务三上设定的时间，如果超时，那要在某个环节减时间；如果时间多了，看哪些地方可以增时间。任务二、任务四的难点，一定要在任务一、任务三的"读"上多花时间，而不是"一读了之"。研读任务单，特别是任务二、任务四的习题，能为任务一、任务三的时间设定，提供非常有价值的参考。

3. 做任务单。

习课堂看起来简单，但想做好，却不是那么简单。"做任务单"是重要一环。"写词语""选择读音""判断对错""内容填空""思维导图"等，都要做。有些题不好好思考，不联系任务一、任务三，老师也会模棱两可，也会出错。这个词、这个句子为什么"读"，都是有原因的，一定要跟后面的任务二、任务四联系起来。有些"读"只要读正确、读流畅；有些"读"，老师要引读、导读，反复读。"以读代讲"的目的是避免老师"多讲"，腾出时间给学生"学"和"习"。语文学习的"学"主要是"读"，语文学习的"习"主要是"写"。老师做一遍任务单，心中明白哪些题较难，要适当点拨；哪些题较简单，不作过多停留，这才是真正把握住了学生的"重点"和"难点"。做任务单后，可以根据自己的答题时间，适当调整任务二、任务四的时间设定；还可以调整任务一和任务三的"读"的时间。

4. 修改 PPT。

习课堂研发团队开发了 PPT。备课中，老师们要根据实际情况，进行微调。考虑到教室里的电子屏幕比较小，坐在后排的学生可能看不清楚，特别是"读词语""读关键句"环节。我就把 PPT 上的字号设置成"40 号"，行距设成"多倍行距"；有的 PPT 文字多，我适当缩小行距，固定值设成"16 磅"。字体方面，有些设成"宋体""楷体"，有些设成"隶书"，有些不变；有些需要加粗，有些字体颜色需蓝色、红色，便于突出重点。

管建刚：**"读课文""预设时间""做任务单""修改 PPT"，习课堂的备课是人人做得到的备课，也是不该遗忘却又被经常遗忘的备课。比如读课文，语文老师自己应该做到"八不"；比如任务单，老师先做一遍，才知道河水的深浅。**

> 朱 红

做学生版任务单，犯得着吗？有必要吗？有此疑问，大概率你从没有亲自做过。

1. 字迹工整你能做到吗？

要求学生写字工工整整，老师应该带头，身正为范嘛。作为成年人，有多久没有一笔一画写过字了？习课堂前，基础题我从来不做，要做也是有难度的阅读题，那字龙飞凤舞，写给自己看的嘛。

习课堂任务单，会放到实物投影上给学生看，马虎不得。我老老实实地写，一旦快了，笔画难免勾连。间架结构也要匀称，不然会露馅儿。那天我遭遇了难堪的一幕。《观潮》第一课时有两个字要指导，写到"霎"字时，我有点傻了，"立"和"女"哪一横比较长呢？又不好意思去看任务单上的范字，只好凭感觉了，还强调"立"字的末横最长，结果当场就被学生揭短："朱老师，是'女'字的那横最长。"我假装镇定地重写，实则尴尬无比——当时还有两个年轻老师在后面听课呢。从那时起我下定决心，以后黑板上要示范的字必须弄清楚、练美观。

2. 思维导图你能做正确吗？

四年级上册《观潮》的思维导图比较简单，课文脉络也很清晰，填写难度不大，然而在填"潮来后"还是"潮去后"，我还是选错了。事实证明，在我栽过跟头的地方，学生也容易摔跤，他们也根据给出的提示"潮来前、潮来时"写成了"潮来后"。老师栽过的跟头都是有用的。

《走月亮》一课复杂多了，尤其是第六自然段中"看到、听到、闻到、想到"的具体内容，刚读了几遍课文，只有一个大概的印象，记不住细节。填不出来，我只好违背"作业不看书、看书不作业"的规定，在第6自然段里找了个上上下下、来来回回，仍有一个空填错、一个空没找到。那学生如何填得对？任务三的"读"，没有涉及这些细节，我要不要提示？提示了会不会导致时间不够？要不，允许翻书？思考后，我决定增加一个师生合作读，帮助学生梳理课文内容。填写时，允许学生看书1分钟，再合上书填写。老师自己做一遍任务单，就能找到真正的难点。

3. 阅读理解你找到方法了吗？

《走月亮》第二课时任务二片段（一）第2小题："作者通过描写月、_____、_____、_____等景象，寥寥几笔便勾画出一幅静谧而美好的山村月夜图。"前两个填写"山、树"好说，"大道和小路"我写成了"道路"，后来参考教师版才知是填一个字"路"。任务四的理解填空第1小题："'我'和阿妈走月亮，听到了_____、_____、_____、_____，闻到了_____，看到了_____、稻穗和_____。"跟第一课时的思维导图如出一辙，照理不难，我却在"稻穗"前后的填空时踌躇了，写成了"果子挂满枝头"和"稻田"。后来才知自己想多了，仔细读选段的最后一句话就能找出来。

万万没有想到的是选择题我也会错：课文中多次运用了排比的修辞手法，给出了三个选项，要求选出错误的一项，看到"表达出作者热烈奔放的情感"，联系课文唯美的画面，细腻的情感，我非常自信果断地选它。后来看答案，有点不解，便请教了朋友。她说这是作者内含的情感。哦，我立刻拍自己的脑袋。

4. 片段写话你能按时完成吗？

最让我发怵的是片段写话。计时器下，怕自己脑筋转不过来，半天想不到写啥。以前我写过单元作文的下水文，结果发现规定题材的内容，着实难写，有时候想破了脑袋，似乎也没个思路，最后不了了之。

四年级的任务单，几乎每课都有片段写话。我咬咬牙，静下心来，仔细读题，思考要求。《观潮》一课，要求选一两个词语写一个生活画面，读了词语后，脑海中蹦出了"5·12大地震"的画面，那是我此生第一次经历大地震，离震中汶川直线距离仅55公里。当时的场面还历历在目，于是刷刷刷，很快写就，四条横线不够，还加了一条线。只是时间比规定的多了 3 分钟。《走月亮》的课后小练笔是写月下的一个场景，早早在脑海里搜索，可是所有的记忆都是一片模糊。很快做到了这一题，那时课文已经读熟，了解了作者是从看到、听到、闻到、想到这几个方面写的，加上题目里有"望星空""踩影子""尝月饼""听故事"的提示，我脑中迅速勾勒了一个画面：中秋佳节在院子里赏月、吃月饼的情景。于是如有神助，顺畅地写出了片段。一看表，又超时 2 分钟。

对了，我做任务单，像上课要求学生的那样，一边对照课件，一边读课文、读词语、读句子、读段落，翻来覆去地读，"读＋习＋读＋习"，真的，到后头声音越来越小，就想喝水。哈哈，难怪习课堂上学生没机会开小差，忙啊。

第 3 节　新手攻略

管建刚

以前，连"上课""同学们好""同学们下课请休息"都要写下来的实习老师，居然开了两次公开课——

刘欢欢

从一名坐在台下听课的学生，到即将走上讲台给学生讲课的老师，我既充满向往又有无尽的忐忑。去年在凉山州顶岗支教，连续两周的备课我都写了详得不能再详的教案，就连"上课""同学们好""同学们下课请休息"这些再平常不过的课堂用语，我都一一写下，生怕上课不知道说些什么。

这次来到花溪小学，走进指导老师的语文课，看到她有节奏、有语调的口令管理，学生读词语时所用的手势，我也不由自主地跟着"动"了起来。当时我便想，课上怎么每个学生都可以那么认真呢？认真地读书、认真地书写生字词、认真地完成任务单，那么井井有条……老师用心地表扬、用心地扶正坐姿不端正的学生、用心地观察每一个学生的课堂表现……每个任务都有时间规定，闹钟响、时间到，学生便即刻停笔，完成快的学生大声背奖励题。这一堂别开生面的语文课，在我还没缓过神来的时候就已经下课了。

　　第一次上习课堂，生怕自己用不好，选了一篇略读课文，前辈们听完课后告诉我："讲得可以！"我努力地点了点头。后面用习课堂上课，我越发找到了自己的价值。课上学生们大声读书，我轻轻扶正他的肩膀，表现好的我就在他们的语文书上盖一个激励印章，亲切温柔地表扬某个学生读书读得怎么样、字写得怎么样、题答得怎么样。课上，我一按动小闹钟，学生们就一个劲儿写；我说课堂口令，学生跟着口令做起来。学生像被施了魔法一般，一切是那么和谐、那么默契。学生们一节课下来都有收获，我也是满满的存在感。

　　真难以想象，曾经一字一句都要写下来的我，曾经学生一打岔就不知道下一句讲什么的我，这次实习居然上了两次较大规模的公开课，还得到了前辈们的肯定。就像学校老师们说的，习课堂可以让还没毕业的师范生，顺利地上出一堂有质量的课。习课堂，也刷新了我对语文课的认知，课堂不是老师一个人在讲，少部分学生在听；课堂不是杂乱无章，不是老师一个接一个抛出问题；课堂不是死气沉沉、寂静一片，或格外活跃，"开飞机的开飞机，坐火箭的坐火箭"。作为一名实习老师，我也可以运用任务单、闹钟、课堂口令、课堂表扬、课堂手势、课堂印章、课堂Q币等，顺顺利利地管理课堂、管理学生。习课堂，我不用担心被哪个学生拉偏课题，不用担心一堂课我没有讲完，下来又慌着去额外补救，不用担心要怎么去应对开小差、搞小动作的学生，因为习课堂本身就帮我很好地解决了这些问题。

　　习课堂上，我只要激励学生去读、去写、去思考、去按时按量地完成任务单。习课堂把 70% 的课堂时间还给每一个学生，把学习的主动权交给每一个学生，习课堂真正做到了关注每一位学生。习课堂把我大学里听到的耳熟能详的理念，真真切切地落到了课堂上，感觉自己没有白学，这样的感觉真的很美好。

管建刚

许老师带一年级，一节课只能完成三个任务。她的思考颇有价值——

许玲燕

以下是我撞了南墙后的思考，调整后的习课堂比较顺利，所有学生都能完成四个任务。

1. 关于口令。

口令要简短易懂，不宜过多。如"一二三，坐神气""小身板，挺起来"……学生喊起来、做起来最快。还可以用"说看老师，就看老师""说拿书，就拿书""说看黑板，就看黑板"这样的万能口令。至于"书捧起，稍倾斜""拿起武器，准备作战"等动作稍多的口令，可以慢慢来，不着急。

2. 关于翻书。

翻书的速度、准确度，直接影响着课堂时间与课堂效率。为此，我花了 15 分钟时间教一年级新生翻书。先教学生找到语文书页码的位置，连页码在哪儿都不知道肯定翻不快。知道页码的位置后比赛翻书，我先告诉他们"30 页，折角"，然后快速巡视一遍，再要求"合拢放在左上角"，依旧快速巡视一遍，"准备，翻到第 30 页"，一大半学生都能快速翻到。如此训练，翻书的整体速度快了很多。翻任务单也一样训练，效果不错。

3. 关于读课文。

第一次的语文课，我自认为很成功，声音响亮又整齐，书本稍倾斜，课后过关才发现，那些看似很认真的学生，只是当了一回有口无心的小和尚。一年级的语文课一定要指读，什么时候"指"？听老师读的时候要"指"，自由读的时候要"指"，老师表扬的重点是：坐得端正的，"指"得准确的；眼睛随着手指走，嘴巴随着手指动的。

4. 关于找题目。

配套PPT上有对应的题目，可学生依旧找不到，时间都花在帮学生找题目上。痛定思痛，我花了20分钟教学生找题目。先认识任务单，认识任务一、任务二、任务三、任务四，重点告诉学生，任务二、任务四是要写的。认识任务二后，看旁边的数字，告诉学生对应的数字题目要求是什么，见到这样的题目都要怎么做。还要在对应的任务里面说数字，学生指出题目位置，没找对的，同桌帮助纠正。

5. 关于认数字、学画线。

学生还不懂"序号"的意思，也不会写数字，《识字1》的任务二第三题填序号，学生先读序号和对应的字，我在黑板上写上序号，学生说这个序号对应的字，我在第一个空里填上答案做示范。示范是最好的教，做连线题要画线，我拿起尺示范给学生看，有一半以上的学生能学会，剩下的可在订正的时候，找到他画得最好的那条直线，告诉他就像这样画，还有几个要手把手教。

管建刚

习课堂开发的"一年级新生入学常规训练课程",解决了"许老师"们所遇到的痛点。新生入学常规训练课程共计5天,注意是5天,不是5节课。唐老师第一年工作带四年级。从新手到熟练工,小唐用了三个月。

徐志凯

1. 第一次听课,2月23日。

第一次用任务单,我去听小唐老师上课。第一节课,小唐没有摒弃"讲"的观念,加上学生朗读拖调,小唐老师只完成了任务一和任务二。尽管有我这个听课老师,还是有部分学生读的时候左顾右盼,而唐老师呢,始终在讲台上,没有走下去听孩子们读得怎样。事后,她很沮丧:"看别人上习课堂很简单,自己怎么就不行?"交流问题后,小唐老师确定了"管住嘴、迈开腿、多练读"的九字方针。并和我约定,过段时间再去听她的课。

2. 第二次听课,3月21日。

小唐老师有了明显改变,不像第一年工作的新老师。"任务单""拿出来",师生口令配合顺畅,学生朗读,教师巡视、盖章也游刃有余,一节课下来,她能做到任务四了。小唐老师告诉我,晨会练朗读,纠正拖调;课前5分钟和学生们训练口令的使用,培养默契。我还注意到,讲台上有一张便利贴,上面用红笔写着:多走动!课上,学生交头接耳的少了,放声朗读的多了。小唐老师也说出了她的困惑:课堂该怎么表扬?课堂表扬不只是新教师的难点,也是所有老教师的难点。管建刚老师说看自己的视频课是发现问题的有效途径。小唐老师欣然接受,买了三脚架,每节课都可以远远地看见小唐老师在录像……

3. 第三次听课，5月26日。

小唐老师的课变了。她会使用手势指挥学生的朗读，高低快慢都在她的手势下一一呈现。她会在表扬学生的时候伸出大拇指，目光坚定，仿佛在告诉学生：你就是最棒的！她能准确地捕捉到每个学生的动态，学生读的时候打喷嚏，她能表扬："打喷嚏的时候眼睛还看着书本，这叫专注。"学生写的时候，她能俯下身去帮孩子圈出错别字……40分钟很快过去了，小唐老师完成了四个任务，学生熟读了奖励题，有的孩子还背了出来。我惊叹于小唐老师的课堂改变。习课堂就是有这样的魔力，可以让一个新老师游刃有余地面对50个孩子，50个孩子认认真真地读，认认真真地写，课堂规整，充满秩序。

习课堂还带来了一些意外的惊喜：小唐老师所带的班级获得整班朗读比赛一等奖；成为整队、排队速度最快班级；连续三个月被评为"文明班级"；阅读节活动被评为"书香班级"；硬笔书法比赛被评为优秀班级！

第4节 警惕弯路

管建刚

不是所有的牛奶都叫特仑苏，不是用了任务单的课堂就叫习课堂——

钱海燕

"今天这节课，我们一起来学习《纸船和风筝》，齐读课题。"学生齐读课题。"好，打开书自由朗读课文，3分钟，开始！"没等学生全部打开书，老师立马按下计时器，走到学生中去听读课文了。

[打假]

（1）课堂管理口令的缺失。"打开书自由朗读课文"应改为课堂管理口令，如师说"书捧起"，生回"稍倾斜"。口令就是互动，口令就是规则，口令就是课堂密码。

（2）课堂组织不到位。习课堂强调课堂组织，"书捧起，稍倾斜"的口令后，老师不是马上说"3分钟，开始"，而是要查看每一个学生是否都拿出书了，是否都"稍倾斜"了，课堂组织的时间必须花，舍得花，每次较真，学生的课堂行为就会完全不一样。

学生自由读课文，老师快速穿梭于学生中间，左一个右一个地忙着挨个儿给学生盖激励章。

[打假]

（1）人和人之间的亲密距离是15—45厘米，习课堂设定老师和学生之间的亲密距离为30厘米，这30厘米是指老师的脑袋到学生脑袋的距离。所以，盖激励章时老师要弯腰、下蹲，盖完章摸摸学生的头、拍拍学生的肩，在学生面前竖个大拇指、点个赞等肢体语言，都能让激励章升温。

（2）激励章没有发挥激励作用。激励章是为了激励学生，而不是为盖而盖。老师事先要告知学生怎样才可以得到激励章，比如读书专注的、读得流利的、字写得好的、作业速度快的等，盖章时配一句简洁的评语，让周边的几个学生听到。激励章可以兑换什么，得到一个激励章，离奖励目标又近了一步，这些学生都要清楚。小小的激励章的背后，有一门大大的激励的学问。激励做好了，课堂管理完成了80%。

上课铃声响了，老师调试"小蜜蜂"扩音器，准备上课。师生问好，"小蜜蜂"里响亮地传出导入语："秋天到了，今天这节课，我们来学习课文《秋天》……"

[打假]

（1）习课堂拒绝使用"小蜜蜂"。习课堂把70％的课堂时间还给了学生读、背、写，老师的话不多，自然不用扩音器帮忙。习课堂要求老师一堂课不少于500步，走到学生中间去听、去看、去个别辅导。"小蜜蜂"一般挂在老师的腰间，坐着的学生的脑袋跟老师"小蜜蜂"扩音器差不多高。一个扩音器在学生的耳朵旁边响起，这是怎样的场景！"小蜜蜂"扩音器适合室外用、嘈杂的食堂使用、老师身体不适时用。

（2）导入不够简洁。"秋天到了，今天这节课，我们来学习课文《秋天》。"这样的导入已经比较简洁了，但仍不是习课堂式的导入。习课堂上，老师用课堂口令组织学生看黑板，生读"秋天"即可。

任务四的理解短文，老师安排学生读3分钟。老师看了看表，说："自由读开始！"巡视了两组，老师看了看表，说："还有2分钟。"过了一会儿，老师走到了教室后排，看了看表，说："还有1分钟。"老师来到讲台边，看了看表，说："时间到！"

[打假]

（1）没有用计时器。习课堂的计时器有多种，有插入PPT的动画计时器，有吸在磁性黑板上的实物计时器，但手表不在其中。因为手表不能显示倒计时，学生看不到，习课堂的"时间"要可视化。可视化，学习效率看得见的保障。手表也没有提示结束的闹铃。计时器响，学生齐刷刷地合拢书本，或自觉停笔端坐，等待下一个任务。闹铃就是命令，用计时器就会有这样的课堂自觉。

（2）没有关注学生。眼睛就是管理，眼睛所到之处，就是管理所到之处。习课堂要求老师"眼里时时有学生"，不是看个别学生就是看全体学生，总之视线不离学生。习课堂上，老师的"眼"不是用来看PPT的，不是用来看手表的，实在要看也是瞄一眼。案例中的老师不停地看时间，就不可能真正看到学生。看不到学生，就不会有有效的课堂管理。

任务二时，老师边巡视边表扬："你写的字就像印刷体一样，非常漂亮！""你不但写得好还写得快。""你不仅写字好看，还坐得端正。""你的速度真快，第一行已经写完了。"

[打假]

(1) 表扬没有"具体的名字＋具体的行为"。案例中，老师的表扬用了"你"字，没有用学生的姓名。每个人对自己的名字都特别敏感。公共场合喊名字激励作用更大，对同伴的影响也更大。个体表扬越细致，集体作用越宽广。"表扬不是万能的，没有表扬的教育是万万不能的"，我想说，不具体的表扬是没有力量的，不具体到人的表扬是没有"杀伤力"的。

(2) 表扬语气过于平淡。老师的表扬应该是真诚的，发自内心的，而不是工作式的。老师的语气应该是欣喜的，为学生的优秀由衷赞叹。表扬的时候，老师的眼睛应该看着学生，还可以伸出大拇指。这些都是为了让表扬的力量最大化。

任务二指导写生字环节，老师在黑板上示范写生字"落""舞"，学生跟着书空；老师又在黑板上示范写"荒、罚、够、臂"，学生继续跟着书空，用时近4分钟。

[打假]

(1) 以为教得多等于教得好。老师的任务不是"教了多少"，而是学生"会了多少"。与其面面俱到、过眼云烟地"教6个"，不如扎扎实实"学透2个"。不少老师误认为，教过了就是学过了，学过了就是学会了。错了，从"教了"到"会了"，中间有一个重要的环节——习！多次习！反复习！每一堂课写好2个字，一学期写好五六十个字，一学年写好100多个字，不得了啊。

(2) 缺乏课堂时间观念。时间观念是现代人的核心素养之一。学生要在课堂里受到时间观念的熏陶和训练，教师应该是时间管理的表率。一堂课完成四个任务，就是时间观念的表率和示范。案例中的老师肯定完不成四个任务。完不成课堂任务情况下的"增量"，那不是"增量"，那是"减质"。学生明明吃不光碗里的饭，老师却还要给他"添饭"，那不是"添饭"，而是"添乱"。

师1：昨天预习，大家把抄写完成了，现在翻到任务单后面，开始默写！

师2：今天的内容比较多，任务二的抄写课后完成……

［打假］

（1）没有当堂抄写词语。以往语文课上几乎没有当堂抄写词语，即便有，也是走个过场，大多还是课后抄。从一年级到六年级，习课堂第一课时的任务二，都安排了当堂抄写，还清楚地标识了10分钟左右的时间。一次"简单"的抄写，用上近四分之一的课堂时间，为何？只有在老师眼皮底下的抄写，才会看到要求抄写词语"荒野"两遍，有学生是"荒"写两遍，"野"写两遍，竖着抄，那是在抄字，不是抄词；有的学生看几个笔画，抄几个笔画；有的学生写一笔擦三下，磨磨蹭蹭，10分钟只抄了3个词语……当堂抄写的目的是培养学生"边抄边记的能力和习惯"。

（2）抄写和默写割裂开来。习课堂的第一课时都安排当堂默写。有的老师把默写放在了课后或其他时间，这些都没有体现习课堂"学了马上用"的教学理念。任务二中抄写的词语有十多个，而默写只要四五个，这是检验，这是督促，就像考试那几道题是检验、是抽测一样。以往，大多学生都把抄写和默写当两件不相干的事情来做，一番事情用了两番时间——只不过都用了课后的时间。大量挤占学生课外时间做各种作业的，那才是地地道道的应试教育。

管建刚

钱海燕老师提供的反面案例很有价值，樊小园老师走过的弯路也很有价值。

樊小园

我至少走过了这五条弯路——

1. "自由读"过于关注遍数。

习课堂上，齐读读遍数，自由读"读时间"。自由读的速度有快慢，同样时间内有的只能读一遍，有的读两遍甚至三遍。为了一眼能看出学生读了第几遍，我制订了读书规则：读完一遍起立读第二遍，读完第二遍向右转读第三遍，读完第三遍继续向右转读第四遍……直到"时间到"。

读书的同时还能活动身体，学生很喜欢。一到自由读，都像开足马力的马达迅速捧起书来朗读。教室里出现了奇特的景象，有的坐着读，有的站着读。站着读的，有的面朝讲台，有的面朝南窗，有的面朝黑板报。巡视中，我不断表扬读得快的学生：某某已经读第二遍了，某某已经读第三遍了。教室里读得热火朝天。想不到，四年级学生的好胜心强到了明目张胆地弄虚作假。《牛和鹅》一课，我快读一遍要2分50秒。课上给学生5分钟自由读，后排的两个男生像陀螺一样，没读几秒向右转，时不时用眼神瞟我。5分钟里，一个读了"四遍"，一个读了"七遍"。

自由读的目的是熟悉课文，专注、扎实才是我们的本意。有的学生一味求快，陷入虚假的"遍数"里。意识到这一点，我表扬了铃声响前一秒仍坐在座位上读的刘凯、卞志伟。前者是年级的"故事大王"，音色、节奏都很出色，从头至尾他用不紧不慢、旁若无人的状态读着课文。后者是班级后进生，朗读困难，要靠手指指着读。即使身边的人都进入第二遍朗读，他们依旧沉浸在自己的第一遍朗读里。课间，我把后排的两个男生找来，单独听他们朗读，读一遍花了3分20秒。我又给他们听我的快读录音，他们羞愧地低下了头。

习课堂的自由读应该关注什么？专注。于是巡视的过程我不再表扬快的，而是表扬有始有终，一遍认真，两遍认真，三遍声音仍旧不打折的；表扬那些在边读边记的基础上，尽可能加快速度的学生。读书氛围从浮躁变得专心。张依涵、吴言希、唐景泽不再扯着嗓门大声读了，因为他们知道自由读不是秀给他人看，而是自己通过一遍遍朗读熟悉课文。

2. 教学语言不简洁、教学环节随意。

过去的语文课，我在一问一答里跟学生调侃调侃，以为说说笑笑就是拉近师生之间的距离。表面上看轻松愉悦，其实松松垮垮，40分钟里完成的教学任务非常有限，通常连5分钟的作业时间都无法给学生。抄写、默写、背诵、配套教辅用书的作业，统统课后完成、回家完成。初用习课堂，虽然一再跟自己说要"管住嘴，管住嘴"，但过去的"随意"一定会"随时"蹦出来，成了不能完成四个任务的最大原因。

四上的《王戎不取道旁李》，下课铃响，任务四只有两三个学生完成。我的第一反应，不是我错了，而是任务单错了，一定是任务四内容太多了。回看视频实录，原因真的在自己身上。自己没有"紧张"起来，上课的语速、节奏偏"慢条斯理"，语言不简洁，一个环节到另一个环节非得说一句"串词"。比如，学生完成任务二进入任务三，我说"抄写能加深印象，拿起书，用抄写那样认真的态度自由读课文2遍"，其实只要说"自由读课文2遍"；比如，任务三学生读了、背了，进入理解环节，我说"会读、会背，还得会解释，语文书110页，读注释，时间30秒，边读边记"，其实只要说"读注释30秒，边读边记"。自己的班不用说那么多客套话。这样的过渡语，一次六七秒，十次、二十次，就是1分钟、2分钟。

任务三读完两个关键句，读板书"善于思考、冷静推断"。当我把八个字板书好，示意学生齐读，有几个"好学"的学生嘴里念着，手里拿笔记下来。见此情景，我故作轻松："你们想记，就快速记吧。"于是，大家掏出笔做笔记。八个字，读两遍背一遍，10 秒。掏出笔，记下来，放好笔，1 分钟都完不成。

先 3 分钟自由背课文，按计划要"填空背"。也不知怎么的，出示填空背课件后，我临时问了句：需要"填空"这根拐杖吗？学生都很自信，大声说："不要！"结果，背得并不理想。我调侃道："就知道不该信你们这张嘴。"学生们哈哈大笑，再回到看填空背，齐背。当时不觉得有何不妥，甚至沾沾自喜，觉得自己处理得机智。课后反思，这不叫灵活，而是随意。多出来的那遍不成功的齐背，又浪费了 1 分钟。同样的课，另一个年轻老师在 40 分钟里顺利完成了四个任务，她语言干净、节奏紧凑，不随意添枝加叶。习课堂，真的禁不起"随意"。

3. 允许朗读时记课堂笔记。

任务单研发，根据单元要素、课文重点、课后习题先确定任务二、任务四的习题，再根据习题设计朗读训练。"读"为"习"服务，是任务单研发的难点，也是上好习课堂的关键。

四上第一课《观潮》，学生初次用任务单，任务四的思维导图和填空的正确率并不高。究其原因，读关键段、读关键句、读关键词，学生只是机械地读，没有用心。讲评思维导图，出示了任务三的朗读流程，学生认识到老师课上的"读"就是在教大家顺利完成习题。这样讲评三四次后，第三课《天窗》出示关键句朗读，学习优秀的张峻宇、刘凯迅速拿出笔在语文书上画句子，圈关键词。我看了很欣慰：到底是机灵的孩子，知道这些有助于解题。我表扬了他们，其他学生也拿出笔来画、圈。如此一来，读句子稀稀拉拉的，要读第二遍、第三遍才能整齐、顺耳，时间浪费了。

上了《王戎不取道旁李》的习课堂研讨课，我才意识到错了，此后有了"读书不动笔，动笔不读书"的新规，我欣喜地发现课堂效率高了。学生已经明白"读"和"习"的关系，分段读课文，他就记住分段情况；读关键句、关键词，他边读边记并琢磨它们的意思。"用心"了，整个课堂的学习氛围就不同了。习课堂强调"读"，很多学生的读是"不带脑子"的，看似一点都不偷懒，哇啦哇啦跟着大家起劲读，问他读了什么，他说不记得了。为了让学生读书"带上脑子"，习课堂强调"读书不动笔，作业不看书"，倒逼学生"边读边记"。

有些家长、老师特别执着于记笔记。好像学生书上记得密密麻麻了，他就学好了。这是个误解。过去的语文课，有些内容必须要学生写下来，课后我会要求学生交上来一本本批。结果发现，即使记两个成语，全班写对的也不到 70%，句子就可想而知了。小学生记笔记的正确率堪忧。所以，每学期我和身边的老师都会整理课文要点，供学生读、记，加以巩固。用了习课堂，学霸张峻宇的语文书很干净，除了任务单讲评时会有些圈画，基本没有其他的笔记，他的语文成绩只升不降。另一个女生有一本特殊的语文书（据说补习班发的），每篇课文都有详详细细的分析。她会一字不落地抄在语文书上，翻开她的语文书，全是密密麻麻的笔记。这个勤奋的女生的语文成绩很糟糕，尤其是阅读，答案完全无厘头。

4. 讲评任务单给学生"抄"答案。

起初用任务单，学生的正确率很低。为了图方便，图省力，我边讲评边快速把答案输入电脑，放大字号投影在屏幕上。以前，讲评作业、试卷我就常这么干的，身边很多老师也都这么干的。常常听到老师们抱怨：这些学生怎么了？答案都抄在黑板上了，怎么订正还有人错？

出示答案让学生抄，订正的正确率是高了，批阅也快了，轻松了，但是效果真的很差，大部分学生压根没记在心里。每次讲评结束，总有几个学生跑上来请求翻看我打在电脑里的答案，说没来得及记。我纳闷：这个题目刚刚分析讲解了，即使不看答案也应该会呀。他们抓抓脑门，回一句"不记得了"。我明白了，老师的分析讲解压根没听，只等着抄答案。有一次刚讲评完，请假的小洁回来了，不会订正。我忙着去开会，就叫优等生唐景泽教她。唐景泽看了题目，居然为难地说"我忘了"。"抄"答案的订正效果有多差！

习课堂任务单讲评的 10 分钟里，不允许动笔记，只能读，只能听，只能说，只能记。讲评结束，给 10 分钟订正。这一调整，讲评时学生专注了，他们知道如果不用心听，等会儿订正就难。优秀的写话，我常投影后让学生读上几遍，但订正时学生凭印象写。大部分学生边读边记了，订正都没问题，不是原模原样、一字不落地照抄，而是有了自己理解后的仿写。

最初，仍有几个懒惰的学生想钻空子，讲评时不听，订正时想方设法看同学的答案，小哲就是个典型，下课了还差他一人没交。趁我回办公室，小哲缠着罗亦轩要答案。我发现他的订正答案似乎见过。他返回教室叮嘱罗亦轩要守口如瓶。罗亦轩是个老实的孩子，我一问全招了。这让小哲认识到老师的厉害，只能老老实实地认真学习。

不少老师看了习课堂很心动，说下学期想尝试。我就想着把自己走过的弯路写出来，以期帮助大家少走弯路。

第 5 节　最后的叮咛

管建刚

习课堂认为，把 70% 的课堂时间还给每一个学生；习课堂认为，教师的主导在于"给学生布置学习任务"并"组织、管理、激励学生好好完成学习任务"；习课堂还认为——

王　佳

1. 能力是自己练出来的。

很多语文老师知道却做不到，喜欢不停地讲讲讲、问问问，不断地铺陈、衔接、总结。老师的话占用这么多时间，学生练的时间呢？大量的语文课上学生的读写时间不超过 5 分钟。

2. 老师讲得专心，学生开小差起劲。

开会的时候我们认真听讲了吗？刷了几次手机？想了几次心事？有人说，那是开会太无聊了。学生上课比教师开会不知多了多少次，老师的上课内容未必比领导开会的内容吸引人。习课堂，老师把"讲"的时间都还给学生"习"了，学生有事可做，就没时间、没心思开小差。

3. 基础扎实是好的教学质量的根本。

后进生之所以后进，根本原因是基础不牢：（1）字词不会写；（2）课文读不通；（3）课文背不出。基础不牢的背后一定是习惯很差。

4. 抓住了作业质量就抓住了考试成绩。

考试能力就是答题能力。答题能力就是作业能力。习课堂，读的时间是专项的，背的时间是专项的，答题的时间是专项的，讲评的时间是专项的，订正又是在老师的眼皮子底下的。抓住了作业质量就抓住了考试成绩。作业习惯好了，作业质量高了，学生才能腾出时间去读书，去实践，去接触自然和社会。

5. 没有兴趣的原因是没有好的成绩。

我的高中数学老师称他不喜欢数学，阴差阳错地做了数学老师，干着干着，成了一把手校长。为什么呢？干出成绩来了。1994年张志公和2012年北京课标组的调查显示，学生最讨厌的学科是语文。以我一线老师的经验来判断，语文成绩是语数英中最低的，这是最直接的原因。成绩好了，兴趣就来了。

6. 刻意练习才是有效的练习。

学生做的作业不少，花的时间不少，考试成绩还是不好，为什么？因为没有"刻意练习"。考试有两个特点：限时和独立。学生的作业却很少能确定有这两个特点。难怪作业那么多，成绩却没有起色。

7. 课堂管理是课堂效率的重要保障。

团队业绩取决于团队管理，课堂效率取决于课堂管理。课堂管理是学生学业成败的首要因素。习课堂，70%的时间还给了学生，老师腾出了70%的时间和精力来管理课堂。课堂是需要经常性地组织和管理的。人多的地方，管理是第一生产力。

8. 基础教育就是习惯教育。

抓习惯就是打基础。习课堂，每节课都在培养孩子"边读边记的习惯""边抄边记的习惯""作业有速度、有效率的习惯""抗干扰做事的习惯""读书八不的习惯""使用好零碎时间的习惯"。

后　记

高手在民间

一条口令，顾孙煜老师有 15 种喊法，学生乐此不疲。

"我是灰太狼——狼来啦""怪兽来了——快闭眼快闭眼"，任秋芬老师的口令如此温暖，如此熨帖儿童旨趣。

邹思怡老师夸"上蹿下跳"的，夸"神游万里"的，夸"浑水摸鱼"的，夸得小猴子们腰背挺直，眼睛发亮。

张怡老师的学生可以用习课堂 Q 币团购"整班活动券"，全班去操场上玩一节课。

樊小园老师的学生可以用习课堂 Q 币团购"整班观影券"，大家一起观看《放牛班的春天》。

李冶老师的习课堂激励印章，有规有矩有效能，拿印章有拿印章的规矩，盖印章有盖印章的规矩，盖印章频率有标准，盖章姿势有标准，批改订正盖章也有标准。

周利利老师的 12 个课堂管理手势，节省了课堂时间，提升了课堂专注力，满足了爱的需求，形成了课堂默契。

郭苗苗老师嗓子失声，不能讲话，习课堂依然井然有序，每一个学生都听懂了没有声音的话。

张颜笑老师说，"自由读"不是"随便读"，自由读的体态有标准，自由读的速度要可视，自由读的任务能操作。

40 分钟内有质量地批完 50 本任务单，如何做到？廖芮老师的干货拿来能用，用了就有效。

周二接到通知，周四教育局要来听课，张晓玲老师一点儿也不紧张，习课堂治愈了她的开课焦虑。

郎丽翠老师的习课堂雷倒了做了两年习课堂的张颖老师，习课堂比她想象的还要有威力。

连"上课""同学们好""同学们下课请休息"都要写下来的实习老师刘欢欢，实习期间居然开了两次习课堂公开课。

……

本书中的"金点子"都是一线老师干出来的。

我只做了一件事，把这些散落的珍珠串成一条项链。

习课堂的精彩不是管建刚的，也不只是习课堂团队的，而是每一位习课堂实验班老师的。

比如本书中的——

钱海燕，钟少秀，习雅丽，陈晓，李丹，邱达官，胡梦姣，王佳，尹裕娇，许慧敏，徐志凯，唐莉婷，唐莹，杨婷，杨华飞，周静红，郑咏梅，周静，周颖，朱红，金晓兰，沈宁，王芳，许玲燕，唐蓓蓓，章秋兰，腾男男，王琴，杨清蓉，杨虹，韦添。

习课堂强调"任务管理"，而"任务驱动"在课堂上早已有之。

习课堂强调"时间管理"，而"计时器"在课堂上早已有之。

习课堂强调"课堂管理"，而"课堂口令""课堂手势"在课堂上早已有之。

习课堂强调"课堂激励"，第斯多惠早说了，教育的本质不在于传授知识，而在于唤醒、激励和鼓舞。

习课堂只做了一件事：结构化、工具化、系统化。

教育是科学也是艺术。

教育首先是科学，然后才是艺术。

没有科学的艺术，好比小孩写狂草，那是胡来，那是捣糨糊。

管建刚

2023年秋，刚好的苏州